JN418106

푸른 동행

푸른 동행

채수영

새미

▪ 책머리에 – 자화상을 그리는 노래

나는 지금 홍에 겨워 노래를 부르고 있다. 이 노래의 행방이 하늘 어디까지 이를 줄 알 수는 없지만 내 노래의 가락은 때로 슬픔이다가 더러는 홍에 겨워 떠도는 모습에서 의미를 발견한다. 물론 헛수고가 대부분이고 허공에 흩어지는 뒷자락이 슬픔이어도 다시, 다시를 부르는 마음에 그늘이 어릴지라도 멈추지 못하는 운명을 사랑한다. 신음의 깊이가 허방의 심연일수록 허우적이는 내 모습에 연민을 보낸다. 그렇더라도 내가 나를 돌아보는 일이 초라함만이어서는 아니다. 가을의 조락을 연상하는 나이어서도 아니다. 나는 끝까지 내 운명의 주인공이기를 염원하는 소망이 행여 길을 잘못 들을까 저어하는 마음으로 시의 행로를 바라보는 시선에 어긋남이 없기를 바라는 조타수의 마음이다. 나를 알기 위해 노력했고 또 내 생의 중심을 잡기 위해 신산한 여정을 마다하지 않았다. 결국 시는 내 삶의 중심이자 신념의 줄기였기에 돌아보아 후회 없음도 행운이라면 행운으로 생각하는 징표로 자화상을 그린다.

2013년 11월 초순, 문사원에서

저자 삼가

목 차

· 책머리에–자화상을 그리는 노래

제1부
변명 유감

동그라미 · 17　추억 매물(賣物) · 19
망각 변증법 · 21　안녕한가를 묻는 길 찾기 · 23
포고문 · 25　책 표정 · 27
인연 · 29　발자국 · 30
신이 듣보시기에 · 32
눈길 · 34　아픔 · 36　율려(律呂) · 37
시와 생물학 · 38　시 그리고 과학 · 39
시와 물리학 · 40　시와 심리학 · 41
시와 철학 · 43　시와 역사 · 44
시와 수학 · 46　변명 유감 · 47
눈 내린 아침에 · 48

제2부

무지개 나라로 간다면

설산(雪山)에 대한 명상 · 53 무지개 나라로 간다면 · 54
부부가 사는 법 · 55 달빛 녹턴 · 57
알레그로와 라르고 · 58 꿈을 향하여 · 59
햇살을 옮겨 심는 뜻으로 · 60 인연－침묵.1 · 62
하늘－침묵.2 · 64 강 혹은 바다랩소디－침묵.3 · 66
소나무－침묵.4 · 68 해－침묵.5 · 69
달－침묵.6 · 71 스피커－침묵.7 · 73
연못 풍경－침묵.8 · 74 조화－침묵.9 · 76
한천독목(寒天禿木)－침묵.10 · 77 걷는 일 · 78
입춘첩(立春帖)이 보이는 풍경 · 79
음악풍(風)으로의 사랑법 · 81

제3부

바람으로 이름을 쓴다 해도

바람으로 이름을 쓴다 해도—바람.1 · 85

세상을 감싸는 바람의 이유를 알고 싶다—샛바람.2 · 87

서풍에 부치는 노래의 이유—하늬바람.3 · 88

남쪽으로 고개를 돌리면 보이는 것들—마파람.4 · 89

기다림보다 더 먼 이유를 쌓아 놓고 사는—높새바람.5 · 90

어디쯤이면 · 92　눈에도 아픔이 있다 · 94

고독 세일 · 95　창문을 열면 · 97

보이는 것의 뒤편 · 98　사랑하는 날은 · 100

바람의 허무 · 101　봄 길에 서면 · 103

봄비 이후 · 105　이주(移住) · 107　내 노래 · 108

당황 · 110　안개 · 112　질투 · 113

제4부

꿈꾸는 날의 바람

어디 있어요–마음.1 · 117 마음 길들이기–마음.2 · 118
마음 만나기–마음.3 · 119 고요를 찾아–마음.4 · 121
꽃피는 날의 환상 · 122 초대장 · 124
마음과 그림자 · 126 목련차 · 128 매화 · 130
흙을 만지면 · 131 꽃과 바람 · 132
꽃에게 · 133 어지럼 · 135
꿈꾸는 날의 바람 · 137 탓 · 139
우리집 닭 · 141 바람, 풀, 햇빛 그리고 · 143
장명등 아래서 · 144 뻐꾸기 울 때면 · 145
녹음 유배길 · 147
산과 바다 · 148

제5부

내가 물결이 된다한들

회자정리 · 153　내가 물결이 된다한들 · 154

소리 · 155　우리 언제쯤이면 · 157

혼자가 되는 일 · 158　이 계절은 · 159

걱정 · 160　눈부신 햇볕 아래 · 162

마지막 길에서도 · 164　이제사 철이 들려는데 · 166

돌아 보아도 · 167　사랑 · 168

사랑의 rhapsody · 170

장마 · 171　개망초 · 172　암호 · 173

바람 포획 작전 · 174

연잎에 스치는 푸른 바람 · 175

용기 · 177　여행 · 179

제6부

푸른 동행

기다리는 혁명 · 183　공부 · 185
나는 무엇을 기다리고 있는데 · 187　정직과 시 · 188
우리 어찌하면 · 189　꿈 · 191　추억에는 · 193
후백 전화 · 195　아이들이 가고난 뒤 · 196
작은 것에 대한 명상 · 197　그대 앞에 이르면 · 205
아름다움으로 치면 · 207　세상 · 208
술의 신을 향하여—술의 뒷자락.1 · 209
작별에 대한 명상—술의 뒷자락.2 · 211
구월에는 · 213　겸손 · 215
풍경 · 216　푸른 동행 · 217
불행 혹은 행복 · 218

제7부

향기로 오는 사람

달빛따라 걷는 일도 · 221

기다림 · 222

향기로 오는 사람 · 223

소망 · 224

세상 지나기 · 226

풍경 변명 · 228

가축을 위한 헌사 · 229

가을이 오는 소리 · 231

고압선 · 232

시를 만나는 날은 · 233

불쌍한 사람들 <시극(詩劇): 사도세자> · 234

제1부

변명 유감

동그라미

동그라미를 보면 무조건
그 속에 들어가고 싶다 어디
그 뿐일까 굴렁쇠 굴리던
어린 날의 골목바람
웃음으로 흘러갔던 추억들
어딘지 모르는 곳으로
그렇게 가버렸는데

선생님이 그려주신
빨간 동그라미
착하다, 잘했다의 칭찬이
달덩이처럼 다가왔던 물살들
구르고 굴러 이른 곳 이제
낯설어 바람 차운데 그날의
친구들은 어디 있을까

내 동그라미는 이제 막다른 지점에서
어딘가 가야 할 곳을 서성이지만
여전히 굴리고 싶은 생각을 닦고 닦아
세상의 길 다하면 따라오는 별빛에
깔깔거리면서 놀아야 할 꿈길 더듬어
만나고 싶은 어린 날의 친구들과
마지막 숙제를 의논하고 싶구나

2012.12.12.

추억 매물(賣物)

내 추억을 드립니다 동삼 겨울이라
손님조차 없는 허공
바람 길을 못 찾아 아우성이는
텅 빈 공간에 떨고 있는
마지막 만남을 위한 기도
정갈한 이름으로 포장된 추억인데

가져갈 수가 없어 무거운 짐
덜어야 가벼운 영혼의 길을 위해
곤궁하게 살아온 날들을 다발다발 묶어
쓰레기 하치장 천한 몸이 되기 전
영혼의 소지(燒紙)를 올리듯 참으로
가벼운 이름만을 위해

그냥이라도 드리고 싶습니다 내 추억은
유효기간이 끝나는 막다른 세일처럼

한편으로 비켜선 그림자가 외로울 때
목청 높인들 들릴 리 없는 행여
당신에게 무거운 이름이 될까
1 plus 1조차도 부끄러운 사연

정해진 폐점시간은 막다름으로
그림자처럼 다가오고
떠도는 바람으로 문을 나서야 하는
추위조차 맹목이라 차마
눈을 뜰 수가 없는 지금은
무작정 기다림이 전부입니다

2012.12.14.

망각 변증법

모두 이유가 있었다 돌아보면
오가는 길에도 저마다 정해진
운명은 항상 구부러진 이유를
결코 말하지 않았을지라도
돌아보면 아름다움이 전부인 양
사는 일은 무지개였는데

만나본지 오래된 어린 날들은 모두
내 몸 안에 저장된 압축 파일을 찾느라
클릭에 더블 클릭이라도
놓아버린 날들은 영영 모습이 없는데
필름처럼 남아있는 뇌리에
무지개는 항상
웃음만을 웃고 있는 시간들
어디로 가서 돌아올 줄 모르는지

닫혀진 문 앞에서 암호를 부르는 일도
집안에 저장된 컴퓨터의 손짓이 아직
내 마음에 닿기까지는 먼 거리처럼
흔들리는 일과 서성거림이 합하여
초조처럼 문을 바라보는 일에 망각은
어둠을 입고 초대 손님처럼 나타났다

2012.12.14.

안녕한가를 묻는 길 찾기

오래된 친구에게 전화를 했다
안녕한가를 묻는 말 끝
그도 나처럼 아픔을 호소하는
긴 음성에는 추억이 아파한다
점차 스러지는 일이 당연하지만
작별은 아픔처럼 다가오는 검은
그림자의 어스름 이제
사방(四方)의 문에 북쪽인가 서쪽인가
마지막 가는 문을 석가에게 물어도
미소만 전달해줄 뿐 끝내
조용한 갈증이 눈을 감고
하루가 지나는 마지막 쪽으로
고개를 묻고 헤아리는 종점
불면의 고개가 너무 높아
어둠을 물리치는 방법을 궁리하는
초저녁 겨울별이 더욱

빛나고 있을 뿐 내 기도는
우리 집 안방에서
나가는 길을 못 찾고 있다

2012.12.15.

포고문

옷을 두껍게 입어도 춥다. 고독한
세상은 모두 숨죽이는 길로
바쁘게 지나가는 일이 고작
불빛 한 방울에도 미치지 못하는
허무가 정답이듯
봄이 오면
기어 땅을 파고 심어야 할 씨앗
누구를 위해 기념비를 세울까

철없는 허무는 바람 앞에서
나붓거리는 어리광이 어느 날
시무룩한 표정으로 돌아눕는
세상의 공책에는 공허라는 명패가
또렷하게 알리는 게시판
살아온 날들이 모조리 숨어
엿보는 눈동자에 어린 그림자

거역한 자는 가차 없이
모조리 체포한다는 포고문엔
보상조차 없는 재건축 알림들
누군가 빨간 머리띠를 두른
앞장 선 자에 내리는 슬픈 선고
바라볼수록 가슴 아린 고독은
그때로부터 허무의 길을
묻고 있었다.

2012.12.15.

책 표정

KTX의 속도로
의미를 찍어 낸다
어찌 보면 초라한
변명이 너무 길지 않을까
노스님에게 물어보니 그도
웃음을 대답으로 삼고
눈을 감아 먼 여행을 떠나는 것 같아
방황의 벌판으로 걸음을 재촉하는
내 뒤따름엔 다시 그림자가 따라오는
구름은 멀리 산위에서 웃는데
활자 속에서 유영하는 의미들조차
허기진 보폭으로 길을 재촉하는
어디 가서 위로의 잔치를
마주할 수 있을까 다만
또 하나의 정리를 만나는 순서가

꼭 정해진 운명 같아
반가울 뿐

2012.12.16.

인연

이 궁벽함에도 햇살이 들어
머리 들고 일어서는 한낮
선잠 깬 나무들이 서 있는 형상(形象) 앞을
지나는 겨울소리와 길을 걷는 종점이
별빛으로 빛나는 39억 광년 전에
소멸한 거리만큼에서 이제사
다가 온 소식 같은 허무의 만남
이걸 믿고 웃고 우는 나날 앞에
찰나(刹那)는 점차 키를 낮추는데
오만함조차 멍한 소식에 묻혀
바람의 틈새 사이로 걷는
비틀거림의 그림자
다시 월요일을 만나는 인연
39억 광년 전으로 가는 길

2012.12.16.

발자국

흰 눈에 내 발자국을
만들었을 때만 해도
사랑도 함께 거기 찍혔었는데
다가온 햇살 한 줌에서
허무로 사라진 자취에는
기억조차 흔들리는
멀고 먼 여행
염원조차 지워진 뜻을 찾은들
자취 또한 아득함이라네

사는 일이 포개지는 발자국마다
무게에 짓눌리는 신음을
마주하는 밤이면
흘리는 눈물의 행방은 이미
강이 되어 가슴으로 흐르고
멈추는 일이 다 할 때까지

운명은 다시 발자국을 만들면서
또다시 지우는 일로 눈을 뜨는 이것도
살아서 아름다운 자취라면
지워진 발자국에 담겨진 흔적조차
빛나서 아름다운 이름이네

2012.12.17.

신이 듣보시기에

신이 들으시기에 세상은 너무 시끄럽다
무슨 총선이니 대선이니 저 잘났다는
사람들 소리 지르는 아우성이나
옆에 훈수꾼들 모두 악머구리
소리의 뒤엉킴
시끄러워서 한시도 쉴 날이 없는
어쩌라고 정말 어쩌라고
그놈의 소리가 그놈의 소리로
한 파도(波濤) 지나면
모두 같은 소리, 소리

신이 보시기에 너무 어지럽다
변화개혁변화개혁 섞고 섞이어
혁개화변혁개화변이 모두 외래어 되어
독해 불능의 멍멍 끝이
어디까지도 모르고 벗겨지는

마지막이 한없이 벗겨지는
뭉그러진 화가의 정신
착란의 물감 싸구려일수록
요란한 경매에선 호기심이
부글거리는 요지경, 요지경

잠들어야 하는데 이룰 수없는
소리와 물감의 요란과 현란이
오만과 방자로, 소음과 먹칠로
여전 신을 부르는 무뢰배들에
물을 끼얹을까 불호령 내릴까를
심각히 고민하는 신이시여, 오늘도
안녕하십니까 참으로
미안합니다 미안합니다

2012.12.19.

눈길

미끄러운 눈길을 걸었다 그러나
조심조심 넘어지면 아픔을 알기에
참으로 조심조심 걸었다
두 다리만이 아닌
넘어지면 손은 땅의 어디 짚을까를
헤아리면서 걷는 걸음마다
유리알처럼 반짝거리는 얼음장
별다른 도리 없이 살얼음
걸어 집에 당도하기 위해
마음 한곳에 모아
걸어야 할 빙판길이
겨울에만 있던가. 보이는 것보다
보이지 않는 길
사는 길도 조심 조심이지만
속도의 즐거움을 믿고 살아가는
한 겨울에사 다가온 아내의 잔소리를

팻말처럼 앞에 들고
조심조심 걷고 있습니다
살고 있습니다

2012.12.21.

아픔

무거워질수록 인생이
변해야 하는데 마냥
그 자리에서 맴도는
해 뜨고 지는 붙박이 별
손자를 보면 부끄럽다
무럭무럭 자라는 표정
더불어 날마다 변하는
옹알이조차 할아버지를 부끄럽게
닦달하는 오늘은 철없는
간판을 들고 어제 왔던 길을
물끄러미 바라보면서
불어오는 바람 앞에 싱거운
깃발 하나를 대문 앞에 걸어놓고
서쪽 하늘만 응시합니다

2012.12.21.

율려(律呂)

햇살과 달빛과
여자와 남자가
산과 바다가
암컷과 수컷이 그렇게
양과 음이 어울리면
곡조는 그냥 생긴다
사랑을 걸어놓으면 가락은
신명을 불러 온다 우주는
그뿐

2012.12.22.

시와 생물학

같다. 똑 같다. 생물학의 마지막은
'생명을 위한 일'이고 시는
이를 노래하는 임무에서
정말 같다. 먹고 마시고에
피가 흐르고 순환의 법칙을
만들어 가는 행보
위가 인간의 복부에 있고
사는 일은 결국 소화되는 길 찾기
시(詩)는 그걸 노래하는 내심
깊이를 전혀 모르는 이유
시 한 편은 정말 사람의
모양이다.

2012.12.25.

시 그리고 과학

상상하라 그리고 옮기면
시는 거기서 숨 쉬고 숲을 만들어
온갖 것들을 불러들이는
안식의 그늘이 펼쳐지리니
상상을 증명하면
과학의 꽃이 피고
그 향기는 인간의 것이고
들꽃들의 향기 또한 사람을 위한
아름다움을 꾸미는 교차점에서
시와 과학은 한 몸이다
상상의 숲에서 나오는
다만 길 찾기 그리고
동행하는 동무

2012.12.26.

시와 물리학

같다. 똑같다. 이치를 밝히는
불빛이 켜지면 둘은 서로
어깨동무로 길을 나서는 키
우주는 눈을 뜨고 온갖 법칙들이
한데 모아 시의 표정을 만드는
심사(深思)의 길에서 만나는 깊이
하나하나가 통합된 유기체 그리고
자기 조직의 세포 속에서
모아 모아 숨 쉬는 생명의 소리
그 소리를 듣는 일이
철학으로 길을 낸다

2012.12.26.

시와 심리학

강물이 흐르는 것은
깊이가 아니라 넓이를 채우기 위해
두리번거리는 일이라면
시는 깊이와 넓이를 함께 불러
어깨동무를 권장한다
마음 줄기가 곧 시고
시의 얼굴을 바꾸면 마음이 되는
마음의 강과 시는
아름다움을 위해 날마다
열정으로 화장술을 동원하고
이를 따라오는 강물은
고심에 찬 표정을 숨기느라
때로 G. 프로이드나
Carl. G. 융을 불러 의논하면
시의 얼굴은 감출 수 없는

표정을 만나는 결과는
형제지간쯤

2012.12.26.

시와 철학

시가 우주라면
철학은 그것을 해석하고
설명하느라 땀을 흘리지만
아래로 삼을 수는 없어
함께 동반의 길을 가는
필요의 명제로 알아 서로
앞서거니 또는 뒤에 오는 길에
이름이 다르면 어떠랴
시는 철학이 담겨지는 길을 묻고
철학은 시의 깊이에 빠져야만
햄릿이거나
돈키호테가 되던
둘 중에 하나는 꼭 있어야 하는
존재의 물음들
같다 똑 같다

2012.12.26.

시와 역사

사람의 호흡이 녹아 켜를 이루는
책은 갈수록 두꺼워진다
페르시아의 왕 제밀이 세계사를 쓰라는 분부에
젊은 학자들이 20년 만에 싣고 온
12마리의 코끼리에 6,000권, 다시 20년 만에
줄여 1,500권 그도 읽을 수 없어 또 다시
10년 만에 한 마리 코끼리 등(背)에 500권 다시
5년 만에 낙타 등에 싣고 온 1권도 못 읽고 마침내
붕어(崩御)의 즈음에야
노학자들이 줄인 시 한 구절
'사람들이 낳았다, 죽었습니다'에서
왕은 눈을 감았습니다
이 전설에 들어 있는
긴 이야기에 시인은 재빠르게
알았다는 손짓을 보내는데

그의 연필 끝에는

피가 묻어납니다.

2012.12.26.

시와 수학

수학은 자유
절대의 참을 찾는 갈증
가장 진솔하게 줄여도
따라오는 갈망
정해진 것이 없지만 정해진
일탈이 허용되지만 결코
일탈이 없는 길
줄여라 줄여라 짧게
시는 그렇게 수학을
풀고 있었다. 수학은 그렇게
시를 상상하고 있었다
칸토르의
집합론이 배회한다

2013.5.30.

변명 유감

저마다 하는 일에 어려움을 말하는
시인도 그런 변명에 땀을 흘린다
땅을 파는 농부도 오래되면
철학자가 되고
상인도 양고심장(良賈深藏)을 알아
진실의 숨소리를 감추지 못하는
양식(良識)이 쌓이는 무게와
시련을 견디는 숲
나무들에 이르러 바람도
돌아보아 나아갈 먼 길이 보이는데
시인도 밑바닥에 밑을 방문하고서야
한 줄의 표정이 의미의 숲을 이루는
원경(遠景)을
주섬주섬 여미게 된다

2012.12.28.

눈 내린 아침에

우리가 눈부신 날 아침을 맞아
놀람으로 일어나
싱싱한 바람을 느끼는 마치
부끄러운 꽃잎에 머물고 있는 향기처럼
푸르게 보이는 햇살 앞에서
찬란함조차 입을 다물고 마는
그렇게 다가온 이름을
눈 내린 아침이라고 하자
세상의 결백을 증명하고 그도
모자라 엷은 바람 속으로 자락을
사알살 날리며 사라지는 길 위로
종종이며 따라가는 햇살
쿨럭이는 섣달의 어둠을 보내고
길을 찾아 든 나그네를 맞아
따스한 아랫목을 물려주고
마주앉아 김 모락거리는 밥상

서로 바라보는 아침이면 말은
어디로 보내든
아깝지 않을 것 같다

2013.1.1.

제2부

무지개 나라로 간다면

설산(雪山)에 대한 명상

멀리 눈 내린 산을 바라노라면
한 마리일까 두 마리일까 지난 밤
은신하는 짐승의 온기가 슬프다
햇살이 다가올 때까지 목숨을
비트는 바람을 외면해도
지나온 발자국까지 덮어버리는
횡포의 거만을 원망할 수 없어
시린 콧 끝에 어리는
호흡의 표시조차 숨기고 싶은
긴 터널의 어둠은 지칠 줄 모르는데
살아있어 언젠가 환희(歡喜)라 해도
견디는 무게만을 이끌고 나갈
서글픈 인내(忍耐)의 지도에는 지금
먼 불빛이 그리움처럼
종(鍾)을 울립니다

2013.1.2.

무지개 나라로 간다면

내가 사용했던 날들의
좌우명이 섣달의 고개를 넘어
해 오르는 언덕에 머물렀네
세상에 낡은 것들이 없다는 것은
둥근 지구 탓이라 이 또한 다시 돌아올
미래에 맡겨도 좋을 물목이건만
누구나 희망을 적어 보내는 소망에는
내 이름을 빼고 싶네. 하면 그대의 것
기뻐하며 바라보는 것으로
세상의 넓이가 깊이만큼 충만한
마음의 지도를 아름답게 그려
하늘로 날려 보내는
어린 날의 꿈같은
무지개가 보고 싶네 고개 들어
기다리고 있네

2013.1.2.

부부가 사는 법

문을 열면 다가오는 바람
혹여 그대인가 눈을 크게 뜨면
나뭇잎에 걸린 손짓
웃음조차 환한 햇살
아침을 반기는 새들의 나래에
빛을 나르는 분주함

세상에 가득해서 오히려 부족한 듯
기다림의 땅에서는
봄을 준비하는 소리가 들리고
부동으로 시립(侍立)한 나무들에서
물오르는 소리가 들려오는
먼 산은 그들대로 분주한 이유를
아직 설명하지 못해 안개장막인데

버짐처럼 흔적으로 남아있는
머언 산 겨울은 아직도
남아 있는데
어린 시절의 추억이 오늘따라
돌아가고 싶은 안달이 배고픈데
“여보! 국이 식어요, 빨리 오세요”
세상이 경련하듯 호들갑
아침 풍경

2013.1.4.

달빛 녹턴

우리 집 달빛소리*에 가면
달빛이 춤을 추는 그림자
아무도 몰래 당신을 위해
초청장을 보내오니
작은 오솔 숲을 지나면
바람 조금은 흔들리고
발자국이 땅으로 스며드는
그쯤이면
보름을 가리키는 세상은 모두
우윳빛 물이 들어
어머니 가슴처럼 따스함
꿈꾸는 이유야 그대의 몫이니
내 이제 가만 가만 소리만을 따라
문을 열고 기다립니다

* 제3 서재 이름

2013.1.4.

알레그로와 라르고

빨리와 천천히 사이에 낀
적당히를 찾습니다 어디
그런 이름에 걸 맞는 땅이
있습니까 노인과 젊음이
번갈아 오는 것처럼 항상
빨리는 천천히에 잡히고 또
천천히는 빨리에 다시 잡히는
이런 일이 마치 머물러 있는 것처럼
멀리서 볼 때는 너도 없고 나도 없는
그냥 그림자 하나뿐인데 적당히는
어디갔습니까 누구나 말하는
적당히는 어디 있습니까

2013.1.12.

꿈을 향하여

꿈은 꾸는 것인가 아니면
줍는 것인가를 몰라
잠이 들었지만 꿈은 근처에
얼씬도 안하고 소식을 끊으니
무료가 점차 물이 올라
어딘가 떠나기로 작심하니 그때사
졸음의 문을 열고 오는
무채색 손님에게
왜, 이제 오느냐 물으니
너무 많은 사람이
요구하는 목록을 아끼느라
늦었다는 변명에 나는
뒤로 물러나 바라보기만을
청하기로 했다

2013.1.15.

햇살을 옮겨 심는 뜻으로

우리가 살아가면서
꿈꾸는 이름에서 기쁨보다는
조용한 겸손이기를 바라는 것도
진실의 샘물에 갈증 때문이라네

고르게 세상을 덮지만 항상
반쪽에 내린 그늘을 근심하는 것은
사랑 속에 담겨지기를 소망하는
어머니 마음
우리가 꿈꾸는 이유는 거기
너와 나 우리의 가슴으로
불을 켜야 할 이유가 있네

세상 구석구석 이제
햇살 옮겨 뜻을 키우는 일이
살아가는 생명의 소명(召命)이라면

이 또한 꿈꾸는 이유가 커지는
사랑 물살이 가슴 가슴에 이어지는
행복이라면 큰 행복일 것이네

2013.1.15.

인연

침묵.1

나들길 쉬는 주변에서
돌 하나를 주웠다. 보는 눈에 따라
모양이 꼭 무슨 말을 하고 싶은 듯
억 년의 숨결로 다듬어진 작은 돌
비바람 눈보라 더위와 추위를 지나
내 앞에 이르른 여정이 무슨
전생의 연줄이길 레 침묵만으로
숨결을 토해내는 거기
사람 길도 있고 하늘 길 모두
아슬함만으로 풀어야 할 사연
아는 것도 모르는 것이고 모르는 것도
아는 것이라는 설법(說法)처럼
미소만으로 새겨진 자욱함을
멍한 시선으로 바라보는 일이 다시
만나야 할 또 다른 억년의 길에

쟁쟁(錚錚)으로 들려오는 음성
나와는 꼭 무슨 인연처럼 들린다

2013.1.27.

하늘

침묵.2

하늘이 말하는 소리를 들었는가
슬픔이거나 억울하면 대리인들-
천둥, 번개, 또는 비바람이나 눈보라 혹은
성깔 난 구름을 불러
소리 소리로 가슴을 서늘케 하지만
위무(慰撫)의 푸른 이름으로
희망을 전달하는 일에 헌신하는
어머니의 마음이 숨겨있는데
기도만 남발하는 사람들 소원조차
거부의 몸짓이 없는 그렇게
무거운 사연 들어주기 위해
열려진 천지가 항상 밤낮이거늘
(하늘은 그대의 소원을 거부한 일이 있던가)
은혜 모르는 사람들의 마음조차 토닥거리는
소리가 들리는 하늘을 바라보면서
길을 묻는 물음표만 남발하는

사람들의 행동을 물끄러미 바라보는
하늘은 끝내 묵언 중

2013.1.29.

강 혹은 바다랩소디

침묵.3

강이 말하는 소리 들었는가
곤곤하게 흐르다 지치면
오지 산골에서 온 실 강(江)과
말을 섞기도 하면서
빛나는 햇살을 보내주고 끝내
바다까지 인도하는 일로 뜻을 삼는 일에도
억울함이 왜 없겠는가 억울하고 억울하면
하늘에서 보내준 폭우로
심장을 보여주는 것 이외에 말이
무슨 소용이랴 온갖 생명의
물고기들을 안아 키우는 또 다른
하늘이 바다에 숨어있어
어머니의 포근함조차 헤엄하는
깊이에 이르면 강물은 그때도
고향을 말하지 않는다
강은 강이고 바다는 바달 지라도

모두가 하나이고 하나에서
다시 하나일 뿐 강이나 바다는
구분하는 일이 없는
순수의 결정(結晶)은
말이 아니다

2013.1.29.

소나무

침묵.4

노송산 중턱에 시립(侍立)하고 서 있는
소나무를 보면 천 년의 숨소리가
어디서 오는지 모르겠다
하늘을 받들고도 불평 없는
억겁 깊이로 흐르는
슬픔과 아픔이 없었겠는가만은
강물이 흐르듯 하늘만을 쳐다보는
소나무의 슬픔을 푸르게 저장하는
속 깊은 뜻을 어찌 해석할지 몰라
바람 한 자락을 불러 설명하랬더니
다시 바람소리만 지나게 할 뿐
끝내 말을 듣지 못했다

2013.1.29.

해

침묵.5

아침이면 어김없이 다가와
지난밤 잘 잤는가를 묻듯
웃음이 먼저인 인사
누구나 좋고 누구나 사랑하는
통 큰 아량으로 들판의 곡신(穀神)들을 키우고
나무들에 잉태의 작동을 지켜보는
하늘 새들이나 바다 속 유영하는 아름다움에
자애의 손길이 쉼 없어 오히려 천덕 같은
오, 어머니의 사랑을 보았네

요란 떠는 것 보았는가 주고도
주고도 모자라 다시 헤아리면서
줄 것을 찾아 방방곡곡을 찾아가는
바쁜 일이 끝없는 이름인데
밤길조차 달에게 양보하는 따스한
손길을 한 번만이라도 잡아본 사람이라면

사랑을 말하는데 주저함이 없을
침묵 중에도 가장 가벼운
침묵의 주인공 결코
변명이 없는 설명의
무게

2013.1.29.

달

침묵.6

어둠을 어루만지느라 그 손길은
부드럽습니다 눈을 뜨려는
어린 것들의 두리번거림조차
얇은 그림자로 인도하는 길에서
머언 마을이 흐린 눈으로 보이는
그래도 사랑은 푸르디푸른 속삭임
두근거리는 말소리가
들리는 것 같습니다

다가갈수록 겸손이 누워있는
저 아슬함조차 미안한데
이미 떠난 어머니의
따스한 유방
그리움의 고개를 몇 넘어도
아름다움에 취한 꿈이 깨지 않는다면
나이를 잊고 다시 어린 날로 돌아가는

철없어 푸른 물이든 이름들
길을 찾고 싶은 밤은 그렇게
서성 서성이면서
웃고 있습니다

2013.1.29.

스피커

침묵.7

떠드는 것이 직업이길래
마이크를 쥐어주고 말을 하렸더니
입을 닫고 아무 말 못하는
확성기 앞에 사람이 와서
소리 지를 때 비로소
크게 크게 소란을 떠는
이 죄목은 전적으로 사람의
탓이오니 내게 까닭을 묻지
말아 주십시오 제 뜻이 전혀
아니올시다.

2013.1.29.

연못 풍경

침묵.8

우리 집 연못에 물고기는
삼동(三冬)지나 봄이면 셀 수 없이 많은
(이리 저리 왕래하는 것을 정확히 셀 수가 없다)
가족들을 인솔하고 마치 점령군이 되어
작은 파문들을 끌고 온다
저들이 저들의 적이 되거나 때로
평화를 위장하여 다시 모이고
또 헤어지는 일로 항상
시끄러운 파문 앞에 내 눈은
호사스럽게도 분주한
역설

나는 때로 나의 적이거나
아니면 동지가 없다는 계산이
틀렸다고 채점을 준 선생님
나는 그분을 기억한다 그럴

것이다 조용한 것은 항상
소란을 불러오는 이런 이치를
억압하는 것은 언젠가
경험했던 공화국의 서슬
별들의 공화국을 내 연못에는
침묵으로 질주하고 싶은 마음이
없다. 단연 없다.

2013.1.29.

조화

침묵.9

어느 분이 조화를 주장하더니
돌아서 혼자 가 버렸다
지휘봉을 던져버린 그 자리에
이상하게 돋아나는 푸른 싹을 보고
단원들은 기운을 얻어
저마다 소리를 지르더니 이내
잠이 들어 한참 지난 후에
서로를 바라보면서 웃고서야 다시
길을 떠나는 여행이 시작되었다
소란은 침묵을 불러오는 지름길이고
그 길에는 또 다른 하모니가
줄 서서 기다리는 일임을 한참
지난 후에 고개를 끄덕이기 시작한
이 노릇에 바람자락이 지나면서
마냥 웃고 있습니다 인간의 일은
그렇다면서…

2013.1.29.

한천독목(寒天禿木)

침묵.10

나무들을 보면 울고 싶어진다. 시종
아픈 겨울을 서 있는 뻣뻣함이
외려 동정이 출렁이고 심지어
어둠으로 몰고 가는 파도 앞에서도
결코 말을 건네는 일이 없는 묵언
끽뚝거리며 사는 나와는 달리
미동도 없이 봄을 기다리는
차라리 오만(傲慢)의 성주(城主). 어느 날
푸른 초원을 놀람으로 걷고 있을 내가
나무보다 한참 어리석음을 깨닫는 일들은
병중에도 위중하다는 것을 아는 일이
그나마 다행이라면 다행 중에 다행일까

2013.1.29.

걷는 일

햇볕이 유난한 날도 아니고 그렇다고
구름이 소리치는 날도 아닌
작은 햇살을 받으며 뚝방길을
걷는다. 편안한 운동화에
가벼운 옷을 걸치고,
작은 막대기를 들고
어정 서성 걸어간다. 인생을 걷듯
걸어간다. 샛강이 노래하듯
흐름을 멈추지 않는 하늘은 마침내
참여하는 일이 임무라 듯 물길을 따라
어디로 가는 길일까 몰라도
기분 좋은 풀들의 속삭임조차 가락을 타는
아, 세상은 가벼워 좋은데
무겁게 살아온 지난날들이
왜, 이리 부끄러운지
설명을 못 하겠네

2013.1.29.

입춘첩(立春帖)이 보이는 풍경

내일이면 입춘첩이 우리 집
대문 앞에 소식을 전할 터인데
안으로 닥치고 들어오는 높새*의 위세
자락 마구 흔들어 무서운
어디선가 본 검은 안경에 장군
쓰러진 그림자가 파묻히는 아우성에
세상을 점령하는 파도
아, 화려한 민주화는 다시 오는데
아직도 문을 닫고 참여치 못하는
지각한 데모꾼의 머뭇거림
마음은 벌써 함성에 파묻혀
피 흘리는 민주화에 꽃을 바치는데
창틈으로 바라만 보는 비겁도
겹겹이 옷을 입고서야
나갈까 말까를 생각하는
바람맞은 입춘첩이

흔들리고 있다

* 높새바람–북풍

2013.2.3.

음악풍(風)으로의 사랑법

우리 만나면 largo로 delicato하게 시작해서
차라리 larghetto의 물살로 다가간다면
그대 미소는 adagio로 오려니 내 마음
다시 andante의 초조를 넘기 위해
moderato를 재촉하는 그리움
vivace의 언덕을 넘는 바람과는 달리
amabile 예쁜 마음을 모아
cantabile처럼 가야 할 내 사랑은
harmony의 꽃밭, vivo에 운명을 바꿀
지상의 환한 melody와 dolce로 어울려
집을 지을 예정이네, comodo한 작은 집에서
con gragia로 살려네

2013.2.3.

* largo (아주 느리고 폭넓게)

larghetto (조금 빠르게)

adagio (느리고 조용하게)

andante (느리게)

amabile (사랑스럽게)

moderato (보통빠르기)

vivace (활기를 띠고 빠르게)

cantabile (노래하듯이)

harmony (화음)

vivo (활발하게 빠르게)

melody (가락)

delicato (예쁘게)

comodo (평온하게 자연스러이)

dolce (부드럽게)

con gragia (우아하게)

제3부

바람으로 이름을 쓴다 해도

바람으로 이름을 쓴다 해도

바람.1

이해하기로 했다. 우리는
어차피 서로가 바람인 것을
그대가 오거나 혹은 내가
그대 곁을 지나거나 바람 한 자락을
남기고 떠나거나 또는 머물거나
이름을 무엇으로 정한다 해도 다만
살갗을 스치며 감촉에 남아있는
온기의 추억만을
보내지 않는다해도 자유로
펄럭이는 깃발 앞에 누구도
간섭할 길 없는 이름이기에
사랑하기로 했다. 허허한 세상
떠돌다 스치는 일도 더러는
보이거나 보이지 않거나 이미
마음속에 들어온 그대이기에
설혹 보낸다 해도 언젠가는 돌아올

기다림의 나무가 자라는 이치 앞에 서서
미움보다는 사랑에 아픔일지라도
간직한 그리움이 더 따스할 것을 믿고
시선을 고정하기로 했다

2013.2.1.

세상을 감싸는 바람의 이유를 알고 싶다

샛바람.2

불어올수록 세상이 가득해지는
이유를 숨기지 않는다. 그대를
새삼 깨우치는 일은 경결(硬結)한 땅
패각(貝殼)을 뚫고 솟구치는 싹들의
위대한 힘과 어울리는 그 천진의
푸른 이름에 고개를 숙일 때
향기들조차 미친 듯 날뛰는 일이
이해의 광장에 함께 춤을 추자는
설혹 낯설다 해도 모두 즐거움이면
우리는 다만 바람인 것을
흔들리는 나뭇잎에 머문 그 미묘한
파장조차 셈할 수없는 섭리의 손짓으로
그대를 만나는 날이면 세상을
사는 이유가 또렷이 기록된 그때는
세상을 감싸는 이유를
정말 알게 된다

2013.2.1.

서풍에 부치는 노래의 이유

하늬바람.3

내가 노래를 부르는 게 아니다 나는
입술을 움직이는 길을 따라
서성이는 나그네의 항로에서
결코 벗어남이 없는 바닷길조차
어느 지점에서는 홍에 겨운 가락으로
뒤를 따라가는 그 철없는 행동은
나무랄 일이 결코 아니다. 벌거벗어야
마지막에 마지막을 만나는 그 깊이
태초는 거기서 길을 나서는 서풍에
의지하느라 빠른 보폭을 서두르는
내 어머니의 젊은 날 바람난 아버지를
따라나선 먼 여정이 아득해도
후회 없는 추억을 쌓아놓고 가끔
꺼내보는 재미처럼 사는 일은 그런
이치가 아닐까 몰라

2013.2.12.

남쪽으로 고개를 돌리면 보이는 것들

마파람.4

게눈만 감추는 게 아니더라 사람도
허기진 소식을 접하면 향응에 눈이 멀어
없는 길조차 무작정 달려가는 이유는 꼭
바람 탓만은 아니지만 누구나 가는 길보다
숲길 우거진 곳을 지나면
세상 거침이 없는 태초의 바람도 비로소
잠을 깨어 반가운 미소를 지을 때
조심할지어다. 천 길 구렁은 때로
어긋난 바람을 따라가는 맹목에
슬픔조차 이유가 없을 것 같은
살랑이는 바람에는 모두 이유가 있느니
아무리 달콤함이 향기롭다 해도
돼지 그것이 늘 듯 철없이 흔드는
앞바람은 차라리 뒷바람보다 더
위험한 벼랑길 같으니 눈을 크게
뜨는 일이 더욱 좋을 것임.

2013.2.12.

기다림보다 더 먼 이유를 쌓아놓고 사는

높새바람.5

무서움이 솟구치는 비바람
우레 떠드는 검은 하늘이 울부짖는
그때 바람조차 아우성하는 이유를
알고 싶어 하지만 우선
조용해지기를 기도하는 마음 구석에
때 묻은 추억을 흘려보내는 일이
더 급할 뿐 순수를 추려낼 시간은
바람이 지날 때까지 무조건
기다릴 일이다. 넘어지면 다시
일어나는 시간은 그대를 멀리 버리고
달아나는 임무가 된새로 변하면 영영
뒷자락에서 나갈 길을 잃을 것이니 그때
다가오는 섭리는 원점에서 따스함을
전달하는 손길을 어떻게
잡을 수 있겠는가 하니 숨죽이는
이유조차 기다림으로 서 있는

저 나무들의 인내를 배우면
삼동의 언 땅에서조차 들리는 소리
바람을 따라 나올 것이다

2013.2.12.

어디쯤이면

어디쯤이면 우리
어긋난 길도 한데로 합하는
환한 마을 입구에서
노래하는 이름을 부르면서
강물도 조근조근 속삭이는
어둠이사 우리들 모두가 만나는
어차피 낯설다 해도
따스하면 그냥 좋겠네

이유를 묻지 않아도
푸른 벌판은 다가오는 것이기
어둠속 씨앗은 그대를 위해
잊지 않을 약속을 이행하는
어느 날에 다가올 푸른 표정
사람들이 웃고 있어 먼 길조차
반가운 종종 걸음에

꽃들이 박수치는 놀람을 위해
창문을 열고 기다리네 기어이
바라보고 있을 것이네

2013.2.12.

눈에도 아픔이 있다

눈으로는 믿지 말 지어다 눈의
하얀 속살이 그렇게 아름답다거나
순결로 치장된 화려한 의상에는
조심해야할 곡절이 있으니
눈이 오는 날의 화려한 군무라거나
놀람을 선사하는 하늘의 뜻이 설사
곱고 환상적이라 할지라도
위태 위태가 걸음으로 이어질 때
미끄러진 아픔이 뼈마디에 새긴
비교할 수 없는 고통
아름다움에는 항상 뼈가 있다는 교훈
눈앞에서 게걸음이 맞다. 눈에도 아픔이
있음도 맞다.

2013.2.16.

고독 세일

내 고독을 팔고 싶다
누가 산다면 반값이거나
아니면 거저 주고 싶은데
살 사람이 없어 황혼이면 어디다
버릴 것인가를 숙고하지만 정작
떨어질 수 없는 운명이
함께 가는 피난길처럼
숙명으로 묶어진 것 같다

자식들조차 외면하는 물목(物目)이라
내 고독을 사 갈 사람
기다릴 손님이 없는 일이 슬프지만
그림자 길게 드리운 황혼 따라
파묻을 곳을 찾아 어둠을 기다리면
달이 웃고 다가오면서
그림자 하나를 붙여주는 고마움

무사히 집으로 돌아가는 길이
비틀거림조차 우윳빛이라
시장기를 잊고 다시
고독을 불러들이는 허망에
할 일이 없다.

2013.2.17.

창문을 열면

창문을 열면 바람이 먼저
이마 마중 한다 그리고
원경(遠景)의 마을에 아침을 준비하는
작은 연기가 촛불처럼 솟아오르는
용오름의 징조가 반갑다 날마다
바라보는 일이라도 아름다운 세상
떠날 날이 가까운 작별인지 그도 아니면
미처 알아보지 못했던 우둔함이
후회의 목록에 잠겨있다 이제사
철들어 맞이하는 소요(逍遙)인가
이도 한때를 지나면 감기는 눈
실컷 바라보고 친해지려는 마음에
내 어린 손자의 걸음같이 자박자박
봄이 오는 것 같아 홍겹다

2013.2.19.

보이는 것의 뒤편

그럴 것이다. 내가 보는 것만이
모두가 아닐 것, 더 깊은 심연의
또 다른 세상을 생각하는 것은
천지를 새롭게 하는 아직도
미지수의 숙제는 발굴을 기다리는
무진장의 광산을 가졌지만 여전히
색맹의 방황으로 사는 고작
내 생애는 진급을 모르는
낙제생을 어쩔거나

그럴 것이다. 다시 산다해도 무지로
옷을 해 입는 기껏 낮은 언덕에서
세상을 다 본 것처럼
떠들고 사는 視力(시력)
지금도 슬픔의 언덕에 서 있는
나무 한 그루로 생을 마쳐야 하는

운명의 그림자가 여전히 흔들리는
눈을 뜨고 싶어 가며가며
눈을 비비는 이 일도 살아갈수록
깊이만 허방으로 아우성하는
내 무지는 여전히 발굴을 해도
끝이 없는 어둠입니다.

2013.2.21.

사랑하는 날은

우리 사랑하는 날은
맑은 바람과 햇살만
빛나는 것이 아니네 때로
우레와 천둥 더러는
비바람이 앞을 가리고
슬픔보다 깊은 강물을 만나
고개 숙이고 은신하면서 그대의
마음에 이르는 길
걷고 또 걷노라면 언젠가
다가오는 기다림처럼
햇살 살아나는 페이지 위에
그대 얼굴을 그릴 수만 있다면
슬픔일지라도 견디는 일
차라리 아름다움이라네

2013.2.24.

바람의 허무

바람은 왜 소나무에 와서만
소리칠까 힘겨이 올라온 높이에서
반가운 해후인데
귀를 스치는 해석불가의 전설로
산을 돌고 물 건너
사투리로 변한 표정에
설명조차 아득하다

바람은 왜 소나무에 와서
태초를 내려놓고 말없이
가버리는 뒷자락 그 신화는
다발로 페이지를 늘이면서
내 곁을 지나는 일도
산위에서 들으니
멀리 보이는 하늘
깊이만 아득할 뿐

내가 찾는 말들은
찾을 수가 없는 고독
구름 따라 갔을까

2013.2.24.

봄 길에 서면

어둠의 겨울을 지나노라 기진한
생각들이 이제사 안개로 피어
높은 산을 감싸는 운무
어머니의 손길 같은 이런 착시도
아침에 바라보는 두 눈에 호사라면
어찌 그리도 빨리 도망갔을까 겨울
악착스레 덤벼들던 바람조차 오늘은
햇살 피해 숨느라 정신이 없고 가까운 사람
더불어 들길에 서니 작년에 본
푸른 꽃다지가 바쁜 척 얼굴을 내밀어
무언가 말을 하고 싶은 표정
반갑다 참으로 반가워
말을 걸려니 옆에서
저요! 저요!
손을 들고 다가오는 아, 어린 날

행복한 이름들은
어디로 갔을까

2013.3.2.

봄비 이후

땅을 적시는 일이 때로
가슴을 적시는 일보다
포근하다. 굳은 얼음을 녹이는
온기도 그렇거니와
세상이 느닷없이 파란 테이블을 깔아
잔치를 벌이는 일도
내 가슴에서는
할 수없는 일이라서 다만
놀람으로 바라보는 일이 고작일 때 다시
변화를 주는 일이 순식간에 일어나는
꿈을 꾸다 맞아들이는 횡재 같은
봄날 풍경

비가 내리는 날이면
손을 들고 일어나는
아우성이나 분주함이

땅 깊이에 전달되는 소식으로
싹을 내미는 풀꽃들의 소란에서
숨죽이던 개구리나 이름들을 알 수 없는
미물들의 환희와 잔치
그걸 모르고 밟고 서 있는
무지의 죄목이 펄럭이는
비명조차 보이지 않아
태연한 오만
아, 하느님 살아있음이
아픔입니다. 풀 수 없는
슬픔입니다

2013.3.7.

이주(移住)

기다림으로 먼 하늘이나
산을 바라면 햇살은 항상
웃음으로 다가오는 걸음에서
문을 열어 맞아들이는 온기라
반갑다를 연발하는 말에
외로움 밀려나는 고독의
서툰 발걸음, 봄날이면 으레
두 눈에 넘치는 이야기가 지난
겨울의 추억들조차 끼어들어
판을 키우는 합성 잔치에
흥이 겨워 모든 걸 잊고 지나는
푸른 길이 어느새
가득 차오는 봄맛에
서울 길을 잊고 산다. 추억도 이젠
이사를 왔기 때문이다

2013.3.8.

내 노래

내 노래가 하늘까지 가기엔
너무 먼 거리라 가다 쉬며
다시 가다 쉬는 일이
칠십 평생을 되풀이해서
다시 묻고 가는 길이지만
얼마나 가야 하는지 도무지
알 수 없는 이유가
변명처럼 쌓이는 긴 줄기 따라 내가
작곡한 가락은 발이 아픈지
가사를 버리고 달아나는 일이
이혼 직전의 위기다 그래도
아침에 일어나 다시 어제를 되풀이하는
반복 학습의 여정이지만
새로움을 찾으려는 노력에
그늘이 지지 않고 끈기를 발휘하는
일상도 살아있음이라 여기면

비틀거리는 일도 은혜 같아
참으면서 가기로 했다 그것이
정답인 줄은 모르지만

2013.3.10.

당황

세상이 하얗더니 어느새
까만 먹물로 변하는 어지럼 그러나
까맣거나 하얗거나를 무시하는
경계 앞에 서성이는 그림자를 보고
공자는 눈물을 흘린다 어찌
공자만의 눈물일까만 변하는
세상의 물살에서 두려움으로
맞아들이는 무너짐의 판세 앞에
무기력의 탄식이 자기 것이 될 때
비로소 아픔을 느끼는 일은 내 것도
네 것도 아닌 비극의 맛
석가나 예수나 마호메트 혹은 소크라테스까지
모두 모아 의논을 한다 해도
해답을 못 찾는 토론 결국
검은 것과 하얀 것을 한데모아
푸른색으로 바꿀 수 있는

엎질러진 실수가 오히려
고마운 길로 열리는
아침 표정의 당황

2013.3.10.

안개

죽기 아니면 살기가 젊은 날이라면
살기보다 죽기가 더 가까운 이유로
사는 일이 허무로 채색된다
말이 불통되는 가까운 이와의 거래엔
무료한 통장이 비어있고
다변(多辯)의 강줄기가 항상
다변(多變)으로 막을 내리는 날마다
원군을 기다리지만 종내 소식 없는
사람들의 무소식엔 섭섭타. 불면의 밤길은
너무 지루한데 아침이면 다시
드러나는 험한 바위들
햇살 아래 앉아 하늘을 보노라면
오늘은 또 넘어야 할 사연이 무얼까
기다림조차 망망한 먼 길로 보이는 희미함
나는 늙어 사라지는 안개 같다

2013.3.11.

질투

이른 춘삼월 산에 올라보니
진달래 몽오리가 처녀 무엇 같아
호기심에 물었지요
봄은 어디쯤 왔냐? 응답 없이
웃고만 있어 부끄러운 줄 알아
대답을 못 듣고 산을 내려와
골목 돌아 당도한 우리 집
귀마당 한 켠에
입술을 내밀고
몰라보는 주인이
안쓰러운 듯
붉게도 물들어 있네

2013.3.14.

제4부

꿈꾸는 날의 바람

어디 있어요

마음.1

머리에 있을까 아니면
가슴에 있을까 이저도 아니면
손가락 끝이나 발가락에 있을까
묻지도 않고 목적지를 향해
나아가는 걸 보면
손가락 끝에도 있는 것 같고
발이나 눈에도 있는 것 같은데
함께 살면서도 정작
대면할 수없는 날마다
뛰쳐나가는 발길을 붙잡느라
애면글면으로 내 평생의
숙제는 길이 없는데, 그대
어디 있나요
(얼굴 좀 보여주서요)
상사화 잎이 돋았습니다

2013.3.26.

마음 길들이기

마음.2

나오지 말라고
성을 쌓고
담벼락을 치고 또
약속의 확약서를 써도
굳은 맹세조차 뚫고 나오는
봄날의 싹인가
물로 씻고 불로 태우려 해도
마음 하나를 잡지 못해
쩔쩔매는 오늘은
가둘 길을 알기 위해 멀리
칠흑 밤바다 파도에 휩쓸려 보내려하니 그때사
두려움의 마음자락이 돌아가자는 애원에
발길 돌리는 일이 하 우스워
웃고 말았습니다 이게 무슨
노릇입니까

2013.3.27.

마음 만나기

마음.3

폭풍도 비바람도 심지어 눈보라도
모두 가지고 있습니다. 그러나 호수 같은
내 얼굴이 들어 있는
표정을 찾으려 아무리 애써도
일그러진 모습만 서성이는 이른 봄
바람 탓만 되뇌는 오늘은
친구 따라 이놈을 찾으러 높아
두물머리가 보이는 수종사서 망연히
댓돌 위에 앉아 있노라니,
노곤한 수면이 눈자위에
검을 장막을 치고 참으로
잠깐 동안 꿈길에 들었을 때 등 뒤에서
신발 끄는 노스님의 기척에 그만
다 붙잡았던 마음을 아쉽게 놓치고
스님이 웃고 있는 사이 친구는
사진 한 장으로 증명을 삼으니

마음은 가슴 속에서
"나, 잡아봐라"로 사라진 아쉬움에
하산 길을 재촉했습니다 따라오는
봄 햇살이 웃고 있었습니다

2013.3.25.

고요를 찾아

마음.4

찾습니다. 보이지 않는 그대
꼭꼭 숨어라. 평생 찾았으나 그 형태는
꼬리조차 본적이 없는
오리무중 그러나 선들 봄바람의
뒷자락에서는 어김없이 나타나는
있고 없음이 오로지 한 줄이래도
찾을 길 없는 노릇
백발성성한 이 날까지
내가 찾고 있는 마음이래서
죽는 날, 내 앞에 찾아와
면식을 보인들 더불어 묻힐
추억일 뿐
오늘도 솔바람 아래 앉아
그대만을 생각합니다

2013.3.26.

꽃피는 날의 환상

마음을 열어놓아야겠다. 누가 오든 안 오든
햇살이 문을 두드리는 따스함에
꽃으로 다가올 것을 믿는 이어
향기까지 따라오면 바람자락에서
내 꿈은 비로소 눈을 뜨기 시작할 것을
가슴에서는 믿음의 줄기가 솟구치는
오늘은 봄, 기쁨으로 열려진 문 앞에
전해오는 아득한 소식들 모두가
사랑으로 이름을 부르고 있네
이제 마음의 문을 열어놓고
바람을 초대하노라면 세상은
한결같이 춤추는 일을 산천에 맡겨놓고
꽃피는 일만 기다리는 이 일도
행복 중에는 참으로 깊은 행복이지만
오늘은 코를 벌름거리면서 배회하는
이 노릇이 진정 정상인지 모를 일

그래도 좋은
봄날의 표정

2013.4.5.

초대장

봄비 내리는 지금은
당신을 기다리는 초대장을
문 앞에 걸어놓으면
바람 스치는 숨결에
들리는 소식들

자고난 아침이면
놀람으로 다가온
푸른 스란 스치는 소리
반가움에 그만 덥썩
껴안을 찰나
꽃잎 터지는 소리에
흠칫 멈춘
발길

아, 할 말이 없어
눈을 감네

2013.4.6.

마음과 그림자

만날 수 없어 먼 거리가 아니다
지척에 두고도 만나지 못하는
그런 이별 같은 이름이 있다 심지어
날마다 함께 살아도 서로 간에
나누는 말 한 마디조차 도달할 수없는
깊어 아슬한 억겁의 시간조차
결코 허락하지 않는 해후 그러나
가슴에 담아둔 이름과 함께 가는
긴 흔적과의 만남을 위한 일은
검은 사슬에 묶일 때 비로소 사라진다는
놀람에 깨닫는 가파름 그런
작별에는 눈물이 아니다. 마음과
그림자의 공생에서 서로 간에
대화를 중계하는 일이 오늘은
생각의 탑만 쌓느라 잡히는 것이 없는

이 무거운 수레바퀴를 언제까지
돌려야 하는가

2013.4.8.

목련차

늦은 꽃샘 추위에 ○○가 목련차를 가져왔다

향기를 마시는 게 아니라
엄동 깊이에서 온
소식을 반긴다

햇살 느린 걸음으로
창문을 두드리는, 미처
간직한 내음을 숨기느라
바쁜 척
문을 열까 말까
머뭇거리는 꽃들의
소식 앞에
부끄러움이야
꽃들만이 아니듯
마음 따스해지는
한 모금에 풀어 놓은
긴 겨울 이야기

향기는 숨죽이듯
부끄러 부끄러운 듯
가슴으로 숨어드네

2013.4.8.

매화

봄비 그치기에 밖에 나갔더니
앞산이 일어나 안개를 피우고
들판도 닮느라 느릿한 풍경
돋아나는 푸른 이름에 손을 드는
어린 것들이 가여워 조각비닐로
바람을 가려주니 햇살은 그때사
기다려라는 신호로 다가오는
밝아 세상은 모두 반가운데
서울 살이 친구들은 여전
잘 있는지를 헤이는 망상 곁에
한 송이 매화가 툭 떨어지는
순간에
마음 밭을 울리는
지진(地震)

2013.4.14.

흙을 만지면

흙을 만지면 마치
어머니의 젖가슴을 더듬던
아, 얼마나 맛있던 기억인가
철지난 이제도 그 따스함에
찾아갈 길을 잃은 마음 하나만
서성 서성이는 갈래 길에
추억만 쌓여진 창고
추워지난 오늘은 삽을 들고
땀과 바꾸는 흙에서
어머님의 소식을 접한다

2013.4.20.

꽃과 바람

'미친 듯' 그밖에 표현이 없는
봄날
느닷없이 세상을 점령한
꽃들의 반란
점령군들의 향기가 활보하는
들판은 이미 구분할 수조차 없는
언젠가 보았던 혁명의 위세도
느닷없이 불어오는 바람에
꽃잎이 지는 이별이
슬픔처럼 아프다
하냥 아프다
바람아!

2013.4.26.

꽃에게

차라리 눈을 감으마
떠나지 말아다오 너를
붙잡을 수만 있다면, 하니
잠시라도 머물러 그 자태
젊은 날의 이름으로 살아야 하는
너의 목숨이 아깝다 해도
사랑하는 마음이 무슨 이유가 되랴만
가득한 가슴의 애원이 솟구치는
이유는 몰라도 되는 어쩌면
눈 가린 가면으로 너를
바라보는 일이 평생의 일이래도
오늘만은 너를 가슴에 껴안고
긴 달빛을 지나는 여행을
가고 싶다. 붙잡을 수만 있다면
선명한 계약서를 보내다오

즐거운 노예조차 행복한
나는 너를 사랑하는데……

2013.4.26.

어지럼

창문을 열면
바람보다 먼저
다가든 풍경 따라
지난밤의 소식이
문 앞에서 깔깔거리는
벌판의 무성한 소문들
오늘은 뉘 집 딸 또는 옆집
며느리가 꽃 앞에서
정신 놓고 웃고 있다느니
이국에서 시집 온 여인네가
고향소식에 흠칫거리는 울음
그조차 꽃들이 되어 날아오는
아침 향기가 아쉬워
오월 풍경을 액자에 걸어놓으려
밖으로 나가니 어찌나
웃어대는지 그만 정신 줄을 놓고

함께 웃느라 할 일조차
잃어버렸네 정말로
어지럽네

2013.4.28.

꿈꾸는 날의 바람

꿈의 입구에서 그만 자락을 놓치고
하늘만 바랐더니 어느새
구름 한 자락이 성큼 다가와
그늘을 만들어 쉴 무렵
돋아난 새싹들의 이야기에 취해
잠이 들었네
날개 돋아 바람을 가르고
가고 싶은 길을 무작정 날아
어디쯤 모르는 낯선 곳
푸른 물이 솟아나는 소리 따라
길 이어진 언젠가 본 듯한
작은 집에 내 문패를 걸고
정주의 터를 잡으려는 무렵
어디서 날아온 바람 한 자락에 끌려
다시 돌아온
나비 한 마리와

꽃들만 웃고 있는 다시 낯선 곳
예 살던 곳도 같은데
지금도 모르는 그 길을 생각하니
얼굴 지나는 바람 소리가
울음인지 웃음인지
모르는 일들만 서있네

2013.5.4.

탓

게으른 일 그리고
어정어정이다 머물러
바라보고 다시 응시하면
한 마리 벌이 찾아와
깊이로 들어가는 머리를 보며
염려가 오히려 기쁜
꽃의 탓

제 홀로 떠도는 그러나
불러들이는 법이 없는
제멋대로의 교육방침 무작정
남의 침실조차 소리 없이
찾아와도 기쁨을 주는
반가운 이름에 걸린
내 영혼의 황혼 길에 향기
또한 꽃의 탓

말 많은 아내조차 조용한
숨소리로 귀를 세우고
코를 바로 하는 모양에서
어린애로 돌아가는 길엔
환한 이름들이 도열하고 있어
분주한 나보다 항상 조용한 교육자
꽃의 탓이다

2013.5.8.

우리집 닭

여섯 마리 닭의 짱은
나보다 우월하다
다섯 마리의 암탉을 거느리고
모이를 먼저 먹으라 신호로 명령하는
짱이 거느린 가족
일사분란한 질서의 행복에
나는 우울하다
(수탉보다 못한 내 리더쉽의 아픔)

모이를 주고 물을 주고
때로는 풀을 뜯어
염려처럼 키우는 나는
횡재처럼 알을 모아
기대로 먹는 탐욕에 내 손녀
은서는 불쌍타 눈을 돌리는
가슴 깊은 사랑에도

아침을 깨우는 목청에
믿음의 강이 푸르다
그냥 그렇게 살고 있을 뿐

2013.5.8.

바람, 풀, 햇빛 그리고

누구나 갖는 것도 때로는
소중함이 보석이다 이를
알 때 빛나는 것은 지혜만큼
높은 이름들로 다가오는 바람
세상이 흔들리는 물상 따라
풀들이 계절을 이고 웃고 있는
더러 꽃들의 함성을 듣는
내 귀는 먼 바다소리가 들린다
햇빛, 누군들 싫어할까만 내가 심은
채소들 잎에 떨어지는 소리가
쟁쟁쟁 울리는 푸른 소음조차
미처 알지 못했던 먼 소식인 걸
젊은 날은 왜 눈을 뜨지 못했을까
돋보기를 올리는 이제사 철들은
내 망령의 어설픔조차 이젠
고맙고 행복하다

2013.5.11.

장명등 아래서

마음 속 불을 밝히는 일이
때로 슬프다 켤수록 다가드는
아귀(餓鬼) 주인이 내 아닌지 몰라
골라 딛는 발길 세상의 어둠을
좇아내는 일이 고독해도 오늘은
누구를 위해 불을 밝혀야 하나
강물이 슬픔으로 출렁이는 계곡을 지나
어둠속에 사는 날이 날마다
내 죄는 수미산의 높이에서도
내려올 줄 모르는 허기로
사는 죄의 이유에 다시
변명을 늘어놓은 난전(亂廛)에
사 갈 사람이 없는 내 죄를 엮어
말린다. 오래 오래 저장할 양
햇빛에 말린다.

2013.5.18.

뻐꾸기 울 때면

보리이삭 배부를 때
산을 넘는 뻐꾸기울음
아슬이 다가오는 바림질 무늬
초록은 지치면서 스러지는데

몇 번을 넘어 가버린 날들
어깨에 실린 그리움들이
물기 젖어 녹아드는 들판으로
추억 한 자락이 다시 물에 젖네

출렁이는 생각 따라
파문으로 살아나는 먼먼 하늘 끝
간다면 얼마를 따라야 이를 수 있나
뻐꾸기 울음 골골을 울리는데

계절의 자락이 흔들리면서
열매로 스며드는 햇살의 미소
청솔그늘에 앉아 귀를 세우는 한낮
꿈길을 재촉하는 뻐꾸기 울음

2013.5.21.

녹음 유배길

노을을 입고
넋 없이 앉아 있노라니
내가 가는 곳이 어딘지
취한 마음이라 모르겠고
몽롱한 정신 속에
헤매어 깨지 않는 알콜
마음 길에
나그네 홀로 긴 그림자
뉘 만나러 가는 길인지
바람자락만 자욱한
봄은 저만치 자리를 물려주고
푸른 녹음을 껴안은 주인
그가 오는 울울창창
내 영혼 그냥 풍경이 되는
유배길이 고작
그럴 뿐이네

2013.5.24.

산과 바다

산에서는 안기고
바다에서는 싸워야 사는
이런 이치가
땅에 이르면 둘이 하나로
겹치는 허우적임이
산과 바다보다 더 힘겹다

산은 고요를 키우면서 변하고
바다는 움직이면서 흐르는
이 둘이 합하여도
땅의 멀미는 끝이 없는데

산은 산이고
바다는 바다라는 말조차
땅에서는 정답이 없어
갈 길 몰라 서성이는

어둠도 깊은 어둠을
햇살 아래 널어놓고
말리는 일이 나날의
고작일 뿐

2013.6.2.

제5부

내가 물결이 된다한들

회자정리

수없이 겪었다 만나고
헤어지는 일 그 중간에
고민의 이야기가 길었고
마음이 상심의 강을 유영했을 때
가파른 호흡조차 눈물로 보내고
사는 일은 다시 사는 일로 돌아서면
추억조차 이야기가 되는 오늘은
보내려 한다 다시를 약속하는 것은
다시보다 더 높은 절망이 숨쉬는
사는 일은 항용 그렇더라
잘 가거라 거칠 것 없는 이젠
이별조차 단맛에 익은 나이에서
홀로된 바람을 따라 그냥
길을 만들 뿐 정말
잘 가거라

2013.5.13.

내가 물결이 된다한들

파도가 되어
흘러가는 내가
물결이 된다한들 어디까지
정해진 길을 갈 수 있을 것인가
어차피 세상은 저마다 바쁜 걸음으로
동서남북으로 분주한 몸놀림
무작정 떠나는 일로
위안을 삼는 아침이면
걸어놓은 팻말 오늘은
내가 물결이 된다한들
변함없는 흐름 따라 운명처럼
지금은 어딘가 가고 있는
무작정 가고 있는 중

2013.6.25.

소리

어둠이 가는 소리
달빛이 지는 소리
해가 떠 오는 소리
바람이 놀러가는 소리
그림자 끌리는 소리
구름이 바람을 부르는 소리
새가 하늘에서 길 묻는 소리
풀이 자라는 소리
풀이 아우성치는 유월의 소리
꽃이 피는 소리
열매가 익어가는 소리
꽃향기가 떠도는 소리
사랑이 흔들리는 소리
아내가 잠자는 소리
하늘이 말하는 소리
소리가 소리에 반향하는 소리

이 모든 소리를 갖고 사는
소리가 지배하는 땅
땅이 지배하는 초록세상
이 모두를 바라보는 하늘
하늘 아래 사는 내 모습

2013.6.26.

우리 언제쯤이면

그렇게 될까요 다시
만날 언덕 몇을 넘어
우리 언제쯤이면 꽃이
웃는 날들 앞에
서게 될 그대와 나
아름다움조차 시기할
바람은 방향도 모르듯
이리저리 오가는
사랑조차 길 잃은 오늘은
버리고 버리고 모두 버리고
하여 남는 것조차 불타는
그 터 위에 싹으로 돋는
그렇게 푸르오려네
사랑은

2013.6.30.

혼자가 되는 일

둘 인척하다가
마침내 하나로
떨어지는 소리가 들리면
고독을 팔면서
자화상을 그리는 일에
추억을 그리지만 언젠가
보았던 희미한 모습
순간 허전해지는
혼자가 되는 일은 기다림이 없어도
무작정 다가온 손님
반겨줄 겨를이 없어도 기어
와서 기다리는
혼자가 되는 일 그렇게
빠를 줄이야

2013.7.5.

이 계절은

꽃 지고 열매 익히는
이 계절은 내게
무슨 말을 하고 지나가는데
미처 읽지 못하고 보낸 뒷자락
아쉬움이거나 이해불가의
성긴 이별조차 돌아보니
그리움일까 아니면
발자취에 묻은 서글픔일까
생각들을 불러 모으는 날엔
바람이 웃고 있다
무슨 말을 하고 지나갈 터인데
끝내 읽지 못하고
보내는 숙제를 언제
다시 불러 대면할 수 있을까

2013.7.5.

걱정

늙으니 자식 걱정
공연한 염불 같다 저마다
갈 곳을 찾아가는 어차피
지나는 것들에 추파를 보낸들
시큰둥 노루방귀

어린 날 딛고
제 홀로 살아왔던 고비마다
굴비드릅 엮어 무엇을 남겼길래
시름겨운 마음만 흐르는 강물일 레

접어야 한다면서 접지 못해 늘이는
오늘은 무슨 소식에 놀라
저녁놀은 바라려나
가슴만 붉어지는 풍경화 이 또한

날이 날마다 물감으로 번지는
아름다움일 뿐이네

2013.7.13.

눈부신 햇볕 아래

앉아만 있어도 좋은
햇볕 아래 꿈꾸는 이름
풀잎 자라는 소리를 들으며
그대 곁으로 가는 생각
한 생을 살다 마침내
문을 닫는 날이 온다한들
그리움과 사랑을 섞바꾸면서
살아 온 자취들
이유조차 모르는 길을 방황했네
그렇더라도 흔들리는 안개길
자욱함이 걷히는 날이면
아침을 지나는 햇살이
가볍게 옷을 갈아입고 마침내
내 곁으로 다가올 때엔
사랑하고 그리워한 이유가
폴폴 날리며 풀밭에 주저앉는

가벼움들
그림자 없음을 애달파해도
사랑했기에 그리움조차 좋았네

2013.7.13.

마지막 길에서도

가져갈 수 있을까 누구나
모두 놓고 간다는 길에
평생을 지켜온 이름 하나, 하나만의
소원을 가져갈 수 있을까
젊은 날 눈물로 쌓아놓은 것들조차
버리고 간다는 길에 오로지 하나만을
가슴 깊이에 숨겨가고 싶은데

아무도 가져간 사람이 없다는 꼭 하나
누구나 가지고 사는 일이라서 모두
버리고 가는 일이래도 욕심으로
하나만을 골라 숨겨서라도
기어 가져가고 싶은데

내 생의 이력서를 모두 버리고
무겁다 무거워도 가져가고 싶은

단 하나만의 소원을 들어주는
신을 따로라도 만나고 싶은데
이도 저도 아니면 저승 문전에서
가슴에 묻은 이름을 모두
꺼내라 추궁할 때도 몰래 몰래 숨겨
안고 가고 싶은 것이 있는데 무지개로
가슴에 품은 이름

사랑 하나만을……

2013.7.14.

이제사 철이 들려는데

찾아 헤매는 일이
한두 해가 아닌데
학교를 졸업하고
결혼을 하고 마침내
박사라는 모자를 쓰고
글줄이나 쓴다고 날뛰다
책을 읽고 쓰면서
철들기를 기다렸는데
철은 어딘가로 갔고
부질없이 키가 높아지는
허망의 바람이 씁쓸한 이제도
어디로 갔을까
내 철은

2013.7.18.

돌아 보아도

점차 슬퍼진다 모두
어딘가로 떠나는 일이
소식 없는 일이라 모든 창문을
열어 놓아도 들림이 없는
기다림의 허망 앞에
진설(陳設)한 목록들
누군가에게 읽어주고 싶어도
들어 줄 사람이 없는 동서남북
내려놓아도 무게가 없는
바람이사 그렇게 쓸어가도
한 방울 눈물조차도 증발하는
돌아보아 그렇게
자취 없는 일 뿐이네

2013.7.21.

사랑

종잇장처럼 가벼워서
있으나 마나한 말도
들으면 좋아서 정신 줄을 놓고
눈빛이 빛나는 여인

바람처럼 날아가는
한 마디에 신명을 걸고
기다림을 심고 물을 주는
푸른 초원의 행복한 모습

세월을 넘어 책의 두께가
들어 올릴 수 없을 만큼 무거워도
함께 들어도 좋아 좋아서
다시 기다리는 일상

가볍거나 무겁거나 헤아림 없이
귀를 세우는 말 하나를 줍기 위해
날이 날마다 듣기 바라는 갈증
가벼워 날아가도 신명을 싣고 사는
말 하나
사랑

2013.7.21.

사랑의 rhapsody

'사랑'이란 말만 들어도 몸이
가벼워지는 여자
생각만으로도 꿈을 채색하느라
풍경화를 그리는 캔버스인가하면
신음으로 몸져눕는 열기에도
단 한 마디에 화색을 고치는 화장
자기 이름조차 잊고 오로지
귀를 세우고 사는 일상에서
어디서든 들려오기만을 무작정
귀를 세우는 일을
바꿀 수 없어 갈증으로 사는
그의 가슴에서 늘 변함없는
간판의 이름
'사랑한다'라네

2013.7.22.

장마

갈 길을 몰라 떼 몰려 마침내
내 앞에 당도한 소식
사는 일이 기다림이거나
외면한다해도 올 것은 오는 것
문을 닫아도 인적 없이 찾아오는
입 다물고 살아야 하는 오늘은 다시
누군가를 기다리는 일로 망연한데
설혹 찾아온 누군가를 만나도 또
지나는 일로 하루가 쌓이는
의미와 무의미조차 구분이 어려운
머물러 지리한 폭력
돌아갈 수없는 길에 선 장마
어디로 갈까 나와는
어찌 이리도 같을까

2013.7.23.

개망초

외국인의 필수품에 묻어와
어느새 우리 세상에 개망초 여름
꺾으면 낮은 키로 다시
꽃이 피는 근성에
고집으로 뽑아 다시 뽑아도
피고 피는 지루한 대결
올 해 지나 내년엔 더욱
기승 높일 침략의 위세 앞에
속수무책 한숨인데
이 침략을 어찌한다
개망초 칠월을

2013.7.23.

암호

앞에서 바라봐도 바람은 바람이고
뒤에서 봐도 바람은 바람인데
앞과 뒤가 모두 바람으로 채워진
하늘 깊이에서 이를 걷어내면
그 표정을 모르는
바라보는 사람에 의해
웃음이기도 하고
더러는 울음 같은 일들
앞을 바라면서 가는 일이나
뒤돌아서 가는 길이나
무슨 뜻인가를 해석하는
서성이는 눈먼 진리
말만 지껄이다 가버리는
무의미인 걸 어쩌나

2013.7.28.

바람 포획 작전

날마다 허우적이며 바람을
포획하기 위해 그물을 펼친다
푸른 창공이 윤나는 날이나
서러움이 켜켜 쌓이는 구름밭이나
아니면 북쪽 저기압을 몰고
비를 실어오는 기운
그놈을 꼭 붙잡고 싶은데
나뭇가지 위에서 살랑거리면서
꼬리를 남기고 사라지는
뒷자락을 바라보는 허망이래도
내 만약 바람을 붙잡을 수 있다면
다시 젊은 날 팔팔했던 언덕에 올라
꿈조각을 날리는 그런
심부름을 꼭 시켜보고 싶은데
–여전 궁리중입니다

2013.7.28.

연잎을 스치는 푸른 바람

꽃에 머물면 꽃바람이고
강에 이르면 강바람인데
흔들리는 연잎 위에
깔깔거리는 바람의 이름을
물으려 다가갔더니
고개를 젓고 달아나는
푸른 나풀거림에
먼 산들조차
박수를 치고 있네

어깨동무로 놀러간 푸른 길 위에
뚝뚝 떨어지는 향기들의 비틀거림이
나그네의 걸음에 묻어
세상 가득해지는 이유를
설명하기 어려워 눈을 감고
연잎에 얼굴을 숨기려는 때

갑자기 바람이 흔들고
키득거리면서 달아나는 소문이
온 동네에 퍼져 푸른색이 되는데
마음에 들어온 향기가 다시
어디로 갈까를 묻는 데는
할 말이 없네요

2013.7.30.

용기

하늘 높이에 펄럭이는 깃발을 보면
누군들 높이에 이르고 싶지 않으리
마음 이미 하늘을 점령한 것처럼
푸른색으로 칠해진 세상을 바라보는
그대는 신념의 골짜기에 숨겨진
용기를 꺼내라, 하면
더불어 따라오는 바람의 깃조차도
환호의 물결을 만들면서
삶이 그대의 가슴을 가득 채우는
길이 열리리라

빛나는 것은 언제나
어둠의 장벽을 뚫고
순간 그대 앞에 이르니,
한 손으로 움켜쥘 때를 위해
가슴 깊이 간직한 소망의 등불을 켜고

울렁이는 역류의 파도를 넘어
넉넉한 표정의 종점에
이를 때 까지 그대
오늘은 오로지
오늘도 그렇게 땀으로 흐르는
강을 키울 것이니라

2013.8.2.

여행

눈빛만으로도 알 수 있는
한 사람과 여행을 하고 싶다
이슬비가 내리는 날이나
햇살 좋은 남도의 어느 땅
파도 왔다가 모르듯 가버리는
조용한 오솔길을 함께 걷고 싶다

해가 지면 이름 묻힐 작은 여관
시간 머물다 가지 못한 작은 방에
가지고 온 시집을 읽노라면
서성 서성이는 어둠 따라
주인이 내온 밥상을 마주앉아
바라보는 얼굴만으로
가득해지는 불빛

외로움의 짐을 지고 사는 세상살이
돌아보아 아슬한 길들의 손짓에서
이제 무엇을 아까워해야 하리 남은
몇 개의 언덕을 바라보고
살아가는 일이 숙제로 남아
어김없이 다가드는
고독한 그림자 하염없어도
별들 소리가 들리는 창문 열어
말 없어도 어디로 갈 것을
아는 사람과 남도 어느 땅으로
길을 떠나고 싶다

2013.8.2.

제6부

푸른 동행

기다리는 혁명

혁명은 와야 한다. 너와 나
갈등과 조화, 평화와 분쟁, 이기와 화합
줄달음 끝이 아닌 항상
지금은 혁명의 불을 태울 때
과거는 사라지고 새로운 것이
싹으로 돋아오는 희열을
맞이할 일. 모든 것이
흰색이 되었다해도
더 선명한 모순의 대비
눈물자국이 가슴을 적신다
세상은 바꾸어지지 않아 계속
혁명을 노래하지만 정작 혁명은
단 한번도 온 적이 없는 미답 항상
혁명은 와야 한다. 우리가 꿈꾸는
이름의 탑을 세우기 위해 너와 나의
마음을 꺼내 햇볕에 말리노라면

기다리는 하얀 혁명은
진행을 알릴 것이다. 나는 지금
깃발을 만들면서 앞장 설 기대와
부풀음에 마음을 하늘에 띄울
혁명은 그렇게 와야 한다.

2013.8.3.

공부

세상 곳곳에 사는 사람들은
공부한다. 그러나 왜를 물으면
모두가 더 좋은 미래를 위해서
혹은 잘 살기 위해서
또는 출세를 위해서
가지가지의 이유가 열린다
그 열매를 믿어서도 안 되고
안 믿어서도 안 되는 일이라서
공부를 할 수밖에 없다

필요가 필요를 부르고
그 필요의 부피가 넓어지는
공부는 다시 공부를 부르는
이 불안한 법칙의 탑은 언제나
사람을 왜소하게 하지만
좋아서 시작한 공부에는

세상의 일부임을
깨닫게 하는 길이 있어 나는
다시 공부의 길에
나그네가 되고 있다.

2013.8.5.

나는 무엇을 기다리고 있는데

호수에 빠진 하늘
그것을 건져주고 싶은데
파문으로 번지는 가을 소식들
무조건 바람 탓이네
비명을 지른들 들릴 리 없는
아픈 가슴의 메아리
흔들림의 호소만 다가오는
서러움 같은 사연들
하늘은 결코 주저앉을 수없는
맹세를 약속하는 오늘은
기다림을 앞에 놓고
망연함조차 그리움에
자리를 양보하는 모양에
호수는 파문만으로 대답하네

2013.8.8.

정직과 시

정직이 농사라지만
태풍이나 비바람에 한숨을
벗어날 수없는 일이라
염려로 바라보는 정성
때로 쭉정이가 소득이지만
같은 이치의 내 노래는
오로지 노력만을 요구하네
아름다움조차 숨어드는 겸손아래
기다림이 얇은 미소로 응답하며
배반없는 오로지
나만큼 다가오는 시
그냥 시나 쓸란다

2013.8.12.

우리 어찌하면

그대 곁에 이르리
마음 허전이 가벼워지면
바람 자락에 실려
어딘가로 간다 해도
그대 곁에 안식을 잠재우는
멀리 있는 꿈을 불러들이고
꽃이 피듯 사랑은
향기를 보내는 소식 앞에
설 수 있으리란 약속

우리 어쩌면
한 걸음에 닿을 수 없어
기다림의 사다리를 타고
눈길 보내는 하늘 깊이
그곳이 설혹 멀리 있다 해도
마음으로는 지척이라

따스함이 젖어지는 강물 따라
어쩌면 우리 웃음보다
깊은 향기에 취한
한 채의 집을
세울 수 있으리

2013.8.17.

꿈

가난의 높이가 에베레스트*라던
어린 날엔 꿈이 있었네
대통령, 장군, 배 나오는 사장
누구나 듣고 웃던 시절의
추억은 저만큼 갔어도
때절은 얼굴에 환한 웃음

왕눈깔 사탕이나 호떡
붕어풀빵의 헤엄조차
사치스런 눈요기의 배고픈 날들
운동장에 수돗물로 달래던
허기의 사다리는 높았어도
햇살 유난히 밝아 터벅이는
신작로의 먼지조차 푸석이는
월사금 독촉에 쫓겨 가는 길
빈집 문 열고 돌아서는

그 시절 친구들은 지금
어디 있는가

주먹만 한 공차기로 해를 넘기고
하학길에 허무가 깔리면
그때사 돌아온 어머니의 마중
폴폴 날리는 굴뚝의 연기에는
보리밥 푸석임조차 달콤해도
알전등 불빛 아래 모여 앉은
가난은 따스하기만 했네

* 황금찬 「보리고개」에 가난의 비유어로 쓰임

2013.8.17.

추억에는

봄이면 친구들이 하나 둘
골목을 떠나갔다.
무슨 병 무슨 병이 돌 때마다
그렇게 떠나간 친구들
골목은 텅 비어 있어도
산 자들이 모여서 다시
살아야 할 음모로
무등타기, 딱지며, 팽이가
돌았을 때. 지구도 돌았다
강바람과 산바람이 방학을 부르고
메뚜기나 잠자리는 수난의
푸른 여름이 길었지만
옥수수, 참외 수박은 그 시절에도
입 안 가득 재미의 목록이었고
어스럼 화톳불연기에
별 하나 별 둘을 헤면서

떠나가는 꿈길은 행복했었다.
그렇게 아름다웠다.

2013.8.17.

후백 전화

95세 후백* 시인이 전화를 했다
시집을 출간했으나
주소, 봉투, 풀, 우표, 우체국 가기 등
번거로운 나들이 무거움 때문에
보내지 못하니 언제 차를 마시며
시집을 전달하겠다는 음성이
땀을 흘리는 한여름, 어쩌나 이천에서
도봉구 쌍문동은 나도 먼 거리
갈 길이 묘연(渺然)하여 그와
차 한 잔의 약속은 너무 먼데
그래도 가슴 시원한 음성에
그날의 삼복더위는 멀리서
서성이고 있었다

* 후백은 황금찬의 아호

2013.8.18.

아이들이 가고난 뒤

왁자한 파도를 놓고 떠난 아이들
밀물에 허전이 가로 눕는다 이제
둘이 남아 긴 밤을 계산하는
구불거리는 시간의 언덕 아래
방긋거리던 윤이나 유리
웃음들이 꽃잎처럼 남아있다
사는 일 점차 좁아지는 시야에
웬 그리움은 그리도 커지는지
계산조차 어지러운 나날의 기다림은
끝내 왔다 가는 바람인데
이렇게 사는
이렇게 살아가는 길이
내일도 같은 제목일 뿐이네

2013.8.18.

작은 것에 대한 명상

1.
지글거리던 삼복 염천이
한 방울의 물에 녹아드는
그렇게 세상은 뜻밖에 무너지는
작은 것들의 힘을 믿으며
장벽이 높을수록 두리번거리는
생각들의 서성서성거림이 있다
(북쪽도 그럴 것이다)

2.
큰 것은 작은 것의 두려움을 알아
흉노족을 막기 위해 진시왕이
만리장성을 쌓은 어리석음조차
돌아보면 비극 아래 신음했던
무명 백성들의 참담함이
빛나는 유산이 되는 결국 그렇게

바닥돌을 깔고 있을 뿐이다
(무명들의 삶은 언제나 퍽퍽하다)

3.
고려 무명 도공들의 억울함이
하늘로 호소했을 때 탄생된 청자(青磁)
명작으로 탈바꿈된 아이러니
살아야 할 비유로
위안을 삼는 목록이라면
이별에서도 빛나는
<가시리>도 있을라
(이별도 때로는 아름다움이 된다니)

4.
추억이 된 작은 것들이 오늘에사
돌아와 말을 걸고 웃고 있는

생각의 오솔길에 떠올리는 실마리
그리워한 이야기가 줄을 이어
내 가슴을 한 가지 색깔로 물들이는
그런 사람들이 오늘은 더욱 보고 싶은
이 작은 줄기가 가슴을 울리고 있는데
햇살이 맑아 더욱 보고 싶네
(철없음도 때로는 아름다움이 된다)

5.
힘센 것은 항상 정의가 되고
중심을 잡아 역사를 이어가는 강줄기는
언제나 찬란함을 노래하는데
정작 작은 샘물에서 발원하는 노래가
아름다운 줄을 깨닫지 못하는 것은
물맛을 모르는 어리석음이라
(언제 끝날 일인가. 기약이 없다)

6.

한국 현대사는 소수 혹은 아수성치는 목청 큰 소수가

이겼다. 이기고 있다. 죽기 살기로 어거지를 쓰면 다수는 항상

끌려가는 이른바 전교조, 민주노동당, 민중문학당, 무슨 통합진보당

이것들이 승리자로 행세하는 것은 어거지와 아우성 그리고

모순을 자기화하는 억지가 다수를 괴롭힌다.

나라를 괴롭힌다. 민주주의를 괴롭힌다. 이 땅엔

정치(正治)는 없고 정치가(政治家)만 우굴거린다

(어떻게 해답을 찾을 것인가?)

7.

3대 세습에도 꼼짝 못하는 북한의 백성들이 불쌍타

무슨 놈의 어버이 수령이란 것들이 왕조를 이룩하여

괴롭히고 굶기는 일을 반세기 넘어 자행하는 일가(一家)에
하늘의 천벌은 무엇을 하는지 직무유기인데 또 남쪽에서
이걸 숭배하는 바보들의 궤변을 바라보는 마음에
울화통이 솟구치는 답답증 그래도 믿음을 키우면서
살아야 하는 인내의 강물이 푸르다. 푸르러야 한다
(어리석음은 고칠 수가 없어 힘겹다)

8.
세상을 꽤 살아보니 모든 게
헛것이 너무 많아 어지럽다
유명하다는 것도 껍질을 뒤집어 쓴
실제와는 속이 전혀 다르더라 그러나
헛것으로 무작정 살아가는 사람들에
잘 보이는 안경은 언제 나오려나
진실은 작아도 빛나는 내일이 있고

헛것은 결국 사라질 뿐, 작지만
진실한 것, 진실한 책, 진실한 사람
(그런 안경은 없어서 구할 수 없음
그리고 진실한 것은 고독한 것)

9.
이른바 큰 사람이 있다면 반대로
작은 사람이 있어서 큰 것이 설 수 있다면
큰 사람은 작은 소시민을 위해야 하는데
작은 나무들은 큰 나무아래서 시들어지는
이런 이치와는 비유의 숲에서
어찌할까요
(혁명으로도 바꿀 수 없는
이 노릇을 어쩌꺼나요)

10.

초침이 60이면 1분이고 60분 모아
한 시간이라는 매듭에 12곱하기 둘
결국 벽돌 한 장이 모여서 건물이 되는
어느 것도 빠질 수 없는 맞물림
하늘에 별들도 모두 그럴 것인데 유독
인간사만 어지러운가
(멀미로 살아야 하는 인간의
이유가 알고 싶다)

11.

작은 것에 대한 명상이
길을 넓히는 변화는 다만 오늘
무더위를 보내는 한 방울의 물에
감사를 보내는 놀람이 있는데
어긋난 진리가 발 아파 우는

해결할 수 없는 숙제 앞에서
끝내 해답을 찾습니다.
(없는 건 없고 있는 건 있다)

2013.8.23.

그대 앞에 이르면

철없던 시절이사
고개를 넘었어도
그대 앞에 이르면
눈물 나는 일은 여전
변함이 없네

세월 몇 고비 갈라놓은
흐름조차 반짝이는 강물
이어이어 흐르는 구비길에
인연보다 깊은 가슴에 저장된
이름 하나를 잊지 못하는
삶이야 바람에 흔들릴지라도
하늘 깊이로 흐르는 마음
길을 잃고 떠도는 운명 같아도
갈수록 또렷이 다가오는 길에
흔들리는 회상의 물무늬
붙잡을 길이 없어

깊은 잠에 빠진다면 혹여
안개 내린 벌판을 지나
꿈길로 가는 길에
가슴 울렁이는 노래
그대 앞에 이르는
길을 알고 싶네

2013.8.

아름다움으로 치면

꽃들이 노래하는 향기
갈 곳 몰라 떠도는 눈흘림
반갑기는 반갑다만은
어디 그대의 미소만 하랴
추억의 줄기따라 흐던한 골목
불러내는 일도 즐거운데
감추고 꺼내보는 맘졸임조차도
때로 초조로 켜놓은 불빛
멀리서도 찾아오는 그리움은
철들지 못해 떠도는 바람같아
어딘가 숨겨 놓을 곳이 없어
안타까움만 물살을 이루네

2013.8.29.

세상

갈수록 내가
보고, 듣고, 말하는
세상이 좁아진다. 한 때는
넓이에 취했고
높이에 취했고 가당찮은
호기조차 넘쳤는데
순식간에 떼몰려온 파도
이리저리 밀리느라
혼줄이 난 이젠
살수록 좁아지는
보는 일
듣는 일 세상사
이 고독을 어쩐다

2013.8.29.

술의 신을 향하여

술의 뒷자락.1

한 때는 가장 친했던 사이도
이름 모를 일이 개입하면
돌아서는 일도 인간사 같아라

떨어질 수 없었던 우정조차도
흘려보내는 일에서는
아픔이 눈물을 만들고
가슴에 고통도 있었지만
돌아 흐르는 강물의 뒷자락을
무심히 바라보네

'일에 지친 사람의 목구멍 속에 떨어질 때면
나는 무한한 기쁨을 느끼고
그의 뜨거운 가슴은 이 싸늘한 지하실보다
훨씬 더 즐거운 아늑한 무덤이기에'*
앞과 뒤도 없는 쾌락의 중심에서
영영 사는 줄 알았지만

이제 그대를 보내려는 이별사에는
냉정한 판사의 선고가 내려지고
이를 어길시는 엄벌에 처한다는
그 낭낭한 목청에 담겨진 서운함이
돌아 돌아 아쉬움이네

송강 정철이나 이백을 잃었고
보오들레르조차 떠나보내는
작별에 감춰진 소슬함이
오늘따라 가슴에서 서늘한 이유는
아마도 자작자가(自酌自歌)의 사연을
말로 적을 수 없어 보내는 깊이에
하염없음이 아쉬워 아쉽다.

* 보오들레르 「술의 혼」 3연

2013.9.1.

작별에 대한 명상

술의 뒷자락.2

사랑일수록 쉬운 작별
따라오는 아픔의 깊이가 있을지라도
강을 건너면 어차피 잊어야 하는
숙제는 항상 해답 없음이 고작
두리번거리는 동서남북이
새로운 이름을 짓게 하는

가까이 있을수록 이별에서
분노의 화살을 맞아 비틀거리는
일이 우선이라면 보다
멀리서 바라보는 해설에서
이별이 아름다움으로 치장되는
이런 일은 서러움 중에 서러움이라
돌아 서도 다시 만나기만을
고대하는 그리움인데

오가다 어느 날 낯선 길에
추억을 되살리는 바람을 만나면
아, 목마른 가슴에서 살아나는 열정을
어찌 감당할까 끝내 모를 일이네

2013.9.1.

구월에는

오는 것보다 가는
길을 생각하는 때는
햇살조차 가벼웠다
바람은 때를 만난 것처럼
살갗에 소슬을 묻히고 다니는
그 뒷자락은 어여쁜데
스러지는 풀고개 뒤로는
힘겨운 작별이 숨 쉰다

바퀴로 돌아가는 세월이
소음조차 없는 이별길에
알았던 것들은 모조리 숨어들어
추억의 모자를 비껴쓰고
물살을 따라가는 소식에는
푸르게 윤나는 하늘이
자꾸 높아지는 이유를

말 못하는 숙제가 되어도
눈으로 시원한 그림을 그리느라
연신 바쁜 모양뿐이다

2013.9.6.

겸손

겸손도 밥 먹듯이면
겸손이 아니다
오만의 줏대가 없다면
중심이 흔들리는 흐물중
날카로움이 없다면
둔함이 횡행하는 세상
가슴 막혀 막히면
숨넘어가는 비극
안으로 고개를 세우고
겉으로 고개를 숙이는
겸손은 그렇게 산다

2013.9.6.

풍경

내가 풍경이 된다면
세상의 캔버스는
누가 볼까 하늘에서 보고 계신
부모의 염려는 그곳에서도
애절할 터이라면
또다시 이어지는 내 아이들의
근심도 대를 이어질 강물
끊을 수 없는 인연의 줄기
보이지 않음이 아쉽지만
이도 아득한 시원(始原)의 줄기라
생각만으로 계산하려니 하도
멀어서 그릴 수가 없네

2013.9.6.

푸른 동행

우리 언제쯤이면
두 길이 하나로 이어지는
푸른점 승천하는 멀리
가슴으로 다가드는 소식
나는 오로지 그리움만 아는
얇은 죄목의 깃발을 펄럭이는
사연은 변함이 없는데
가슴은 왜 울렁이는지
하늘만 계속 푸른 증명으로
가슴을 채워주는 물소리
오로지 푸른 이름과의
동행입니다

2013.9.12.

불행 혹은 행복

높이가 아니라 가장 낮을 때
어둠과 함께 부풀어
바람의 날개에 따라오는
비극과 행복은 같은 곳에서
어느새 다가와
당신 곁에 웃고 있을 때
무엇을 선택할 것인가
머뭇거림도 없이 다가가는
그대 손을 잠시 거두라
모두가 갖고 싶은 것 보다
뒤쪽에 웅크린 눈물의 씨앗이
기다림의 순서로 그대를
바라보고 있는, 하여
자리 잡기 전 먼저 부르면 혹시
순서 바꾼 자리에
빛날 행운이 올 것이 아닐까

2013.9.14.

제7부

향기로 오는 사람

달빛따라 걷는 일도

하늘 나르는 새들을 보노라면
그 자유로운 나래가 오히려
슬픔이 된다 어딘가로 가야 할
뒷 그림자의 흔들림
무수하기 낙엽같아
모두를 돌려주고 훌훌
황혼에 묻히는 밤이면
다시 무엇을 약속하리
산그늘 무서워 숨어드는
달빛따라 걷는 마음에
초롱함이 눈 뜨는 따스함이야
그리움이 감싸는데
사랑조차 흔들리는 작별을 두고
잠 못드는 일도 화려해라
잠 못드는 일조차 화려해라

2013.9.18.

기다림

맑은 물처럼 투명한 그런
시 한 편을 마주하여
가슴 적셔 줄 내 영혼의
푸른 기침을 기다린다

가벼이 세상을 깨우고
내려오는 무료한 햇살과
서러움에 지친 후에 도달한
가벼이 흔들리는 바람
가을 지나는 걸음마다
내 영혼에 실린 서늘한 생각들
그대 눈으로 스미는
마지막 여행의 길손에게
머무는 집 그런
시 한 편을 기다립니다.

2013.9.27.

향기로 오는 사람

그대 꽃이었기에
작별 뒤에도
바람 따라 찾아오는
향기에 젖네

먼 길 방황이 질펀해도
안내로 찾아온 그대
눈 먼 향기일 뿐

하늘 푸른 날엔
마음 바치는 사랑
출렁이는 얼굴이
운명같은 오솔길에서
호젓함으로 만나네

2013.10.3.

소망

내 영혼 푸른 배에
그대를 싣고
은하수 멀리
별무릴 따르노라면
바람과 어울려
꽃들이 말을 거네
어허라
혼자만 바라보려
시기(猜忌)처럼 감싸고
바람을 불러
어딘가 갈 곳을 주문하면
사랑조차 푸른 물에
하나가 되는 마음
그러나 어쩌랴
갈 곳 없음을 알아
혼자만을 고집하는

오솔길 솔소리
그림자를 따라온 예리성
수런수런 별무리가
창문새로 나뭇잎을 흔들면서
웃고만 있네

2013.10.6.

세상 지나기

꽉 찬 동그라미가 아니라
쭈글쭈글 헐렁한 바람풍선
줏대가 없이 바람에
이리저리가 임무처럼
변하는 일에 땀 흘리는 그렇게
사는 사람만 보았다

허무라고 했다 사는 일
구비마다 꺾이고 휘고
다잡을 수 없는 아픔도
건너기 힘겨운 슬픔도 모두
푸른 포장에 날리는 바람
그 속을 아는 사람은 없었다

성(城)을 지키는 장수를 만나는 일은
갈증이고 신의 예언을 듣는 일처럼

멀고 먼 소식이지만 변절과
위선으로 갈라진 약속에는
그래도 지켜야 한다는 명제가
하늘을 나르고 있는데
배고픈 허기가 우왕좌왕으로
길을 헤매고 있다.

2013.10.12.

풍경 변명

노승산 정상에 올라보면
가을 소식이 누워있고
소나무 사이를 지나는 바람은
서늘을 키운 손으로
흔들리는 잎새를 붙잡는
지난 여름의 기억들
나무사이에 걸려 눈을 껌벅이고
추억을 뒤적이는 들판마다
텅 빈 의무를 수행하느라
색깔로 변명을 말하는 이유가
짧은볕 양지에서 조을고 있다.

2013.10.20.

가축을 위한 헌사

평창영월정선축협 30년사

선(善)하기로 말하면
소처럼 큰 눈을 갖고
소처럼 우람한 체구를 갖고도
사람을 따르고
주인을 모시고 오로지
인간만을 위하여 마침내
생명을 기꺼이 바치는
이름이 또 있을까

착하기로 말하면
소나 돼지 그리고 닭들은
사람을 위해 더없이
순종을 숙명으로 알고
머리에서 발끝까지 아낌없이
가진 것 모두를 주고 떠나는
그 뒷모습에 감사를
생각한 적 있을까

사랑은 주는 것이라는
헌신의 믿음을 실천하고
마지막 한마디 말조차 생략하고
훌훌 떠나는 저들에게
사람들은 무슨 생각으로
소, 돼지, 닭 그리고 짐승들을
바라보고 있는가

2013.10.21.

가을이 오는 소리

먼 산은 변하는데
느릿느릿 그렇게
낯선 듯 눈으로
어느새 다가온 풍경

멍하니 바라보아
자욱함도 걷히는 아침
어제보다 다른 그래서
더 낯선 신기함

아름다움이야
눈에 담기지만
내 그리움은 가슴에서
숨죽이는 걸음으로
그렇게 다가온 이름

2013.10.22.

고압선

사람을 피해서
높은 산으로만 도망하는
중범죄자의 슬픔
하늘은 푸르게도 거절이 없건만
불 밝히는 사람을 위한 소용이
불 밝히는 사람이 싫어하는
갈수록 몰아붙이는 소란
더 높은 산으로 갈수도 없어
한낮을 배회하는 일도
밤이면 역설을 안고
도란거리는 슬픈 밀회
이 역설의 이름따라
전율을 감추고 온순한 척
비밀을 저장하고 있을 뿐

2013.10.28.

시를 만나는 날은

내가 살아있음을 느끼는 일에
후회가 없을 때
나는 천천히 나룻배를 타고
길을 떠난다. 어딘가 멀리
동반의 그림자와 함께 가는
그 길은 만족과 슬픔도 있고
비애와 눈물의 색깔도 때로
아름다움으로 다가오는
변화 많은 숲에 들어
귀를 세우고 마음을 열고
바람을 가슴에 담느라 말을 잊고
무조건 옮겨가는 길이 분주한
살아있기에 만나는 이름
나의 시여!

2013.11.2.

불쌍한 사람들

<시극(詩劇): 사도세자>

* 내레이션 1. (*다소 무거운 토운으로 또박또박한 발음)

이씨조선 영조(1694~1776, 82세, 재위 52년) 와 그 아들 사도세자(1735~1776)와의 부자관계는 엽기적이고 참혹한 비극으로서 역사상 가장 드문 사건일 것이다. 더구나 왕실의 암투와 당쟁의 개입은 더욱 곤혹스럽고 또 제반 현상을 이해하는 데 어려움을 갖는다. 친아버지와 장인과 어머니와 심지어 아내조차 외면하는 죽음 앞에 27세– 한 남자의 고독은 저승길조차 비극이었다.

1. **비극에는 바람이 분다*– 프롤로그 (*깊고 무겁게)

어허, 슬픔이로고
더없는 슬픔이로구나
세상살이 저마다 달라도
구중궁궐 근정전의 위엄도
구중심처 중전전의 엄숙함도

들판의 꽃들과는 다른 왕궁에는
지질린 정도(正道)가 줄을 맞추는
언제나 위엄과 엄숙이 무게로 가라앉아
바람 오감이 없는 숨 막힌 궁궁(宮宮)마다
사람 냄새가 없어 화석들이 굴러다니는 곳

명령과 순종과 위엄과 엄숙으로
고개를 들 수 없는 자유는
꿈틀거리면서 푸른 하늘을 그리워하건만
하늘은 하늘일지라도, 바람은 바람일지라도
깊은 심처(深處) 거긴 하늘도 갇힌 하늘이고
바람도 허리만 굽히는 바람이라네

자유를 그리워하네, 그러다 덫에 걸리면
지엄(至嚴)의 사슬이 목을 휘감고
갇힌 자유가 참혹하게 나뒹구는

사람같은 인형들이 열을 지어 사는 곳
거기서 일어나는 일들은
한숨과 아픔과 비극과 죽음이 오로지
의미의 이름을 갖지 못하는 곳

일이 있었다네, 큰 일이 있었다네
무너지는 강물이 있었다네
슬픔의 강물이 흐르고 있었다네.

* 내레이션 2.

영조의 나이 42세에 태어난 아들 선(愃)은 10살에 혜경궁 홍씨를 만나 결혼했고, 15세에 합방(合房)의 즐거움을 누리면서 행복한 시절을 보내었으나 어려서부터 영민했을 뿐만 아니라 군사놀이 등 무인기질을 갖고 호방했으며, 학문에는 다소 등한했으므로 영조의 꾸중을 자주

듣기도 했다. 이런 성격의 차이는 영조의 의도와 다른 갈등이 싹트기 시작했고, 소론(小論)의 생각을 따르는 사도세자와 노론(老論)의 도움으로 왕이 된 영조 사이에는 비극이 싹튼다.

2. *숙업(宿業)의 강줄기에는* (*근엄하고 비통하게)
   – 영조가 아들 선(愃)(사도)에게 (영조.1)

(a)

차라리 평범한 부자의 인연이었더라면
가슴 복판에 새긴 응어리는 없으리라
애비가 자식을 죽여야 하는……
원자(元子)의 사랑으로 빛나던 너의 모습에서
왕조의 찬란함이 다가왔었건만
멀어지는 비정의 늪이 부자의 정에
무슨 갈림이더냐만

(b)

밭갈고 농사짓는 농부의 부자였더라면
너와 나의 사이에는 눈물보다 짙은
슬픔의 사연은 없었으리라
2살에 글자를 알았고
왕과 세자를 구분할 줄 아는
기대에 부풀은 풍선은 높이 높이 올랐으니
영민(英敏)하던 내 아들 신아!
어쩌면 왕관을 벗고 땀흘리는 나뭇꾼이었다면
너와 나의 이름에는 효심어린 정이 깊었으리라

(c)

사직(社稷)을 지킨다는 미명에서
흘러내린 비정(非情)은
피조차 칼날로 예리하게 잘라내는 일이
왕조를 위한다는 이유 때문에

세자야, 너에게 돌아간 내 명령에는
눈보라가 가슴으로 내린다

* 내레이션 3.

영조의 계비 정성(貞聖)왕후와 정순(貞純)왕후 두 명과 정빈 이씨, 영빈 이씨(생모)와 귀인 조씨, 후궁 문씨(후궁에게서만 2남 12녀를 낳았고 첫 아들은 정빈(靖嬪) 이씨 소생의 효장(孝章)세자로 9세에 요절, 그 7년 뒤에 영빈(暎嬪) 이씨에 의해 사도세자가 태어나자 정순왕후의 양자(養子)가 되어 세자로 책봉됨) 등과 정치적으로 사도세자와 다른 노선의 차이에서 세자가 왕이 되는 일은 곧 노론의 권력다툼에서 패배를 의미하기 때문에 시기와 질투 그리고 왕자 거세의 음모가 영조의 마음을 움직이는 일로 진행된다.

3. *할 말이 없는 하늘을 보면*(*탄식조로)

–영조의 탄식 (영조.2)

(a)

세자 선아, 남인 소론 소북 노론의 다툼이나
정순왕후 또는 숙의 문씨들이 소곤거림이
내 귀를 울린 것도 사실이지만
궁녀를 죽이고, 왕궁을 몰래 나간
너의 여행의 자유에는
대리청정의 명을 걷어내는 줄기였으니
이로부터 너와 나의 사이에는 강물이 흐르고
부자의 정이 메말라 갔었으니

(b)

오호라, 그렇더라도 내, 너에게 자결을 명한 거절에서
높아지는 분노가 결국 너를 삼키는 8일 동안

뒤주의 어둠 속엔 내 가슴의 어둠도 함께 했노라
이 슬픔의 사연을 무엇으로 설명이 되었겠느냐
구천(九泉) 멀고 먼 길에
후회의 탑을 쌓은들 마음 위로가 되겠는가

(c)
돌아, 돌아보아도 참혹한 이름 아래 따라오는
너와 나의 연극 무대엔 영원을 묻어버린
네 청춘 27세의 꽃이 떨어지는 소리에는
눈물이 검은 비로 내린다
너와 나의 사이에 막혀진 통곡이 흐른다

(d)
할 말이 없을 때 푸른 하늘은
구시월 마른 하늘에 느닷없는 뇌성벽력으로 변한
이 깊은 한을 파묻을 길 없어

저승 길에서 평범의 옷을 입고
네가 보았던 자유의 여행을 위해
손잡고 유람할 수 있을까나 아니면
허름한 주막에서 막걸리 한 사발로
우리의 슬픔을 적실 수 있을지
어떤 대답도 마련없는 슬픔만이
내 것이구나

(e)

세자, 선아! 내 아들아
이승을 떠나 저승에서 너를 만나면
무슨 말로 맨 처음의 말을 꺼내야
너의 젖은 가슴을 위로할 수 있을까나
아니면 모르는 사람처럼 바람을 사이에 두고
그냥 지나는 일로 정리해야 하느냐
답이 없다. 답이 없어 답답타

* 내레이션 4.

정치적으로 소론(小論) 지지 성향의 사도세자와 노론에 의해 왕이 된 영조나 정선왕후 등과는 필연적으로 갈등을 유발했고 이런 징후는 비극의 원인으로 작용한다. 더구나 관서(평안도)지방을 허락 없이 여행한 사건과 궁녀를 죽인 일 등 일련의 사건들은 결정적인 노여움을 영조로부터 받게 된다. 이어 자결을 명(命)하나 이를 거절하니 뒤주에 갇혀 죽는 사건(임오화변)이 비극 발단의 막을 올린다. 영조와 사도세자의 비극적 관계는 여러 관점이 있지만 아마도 아버지가 아들을 미워하는 본능인 오디프스 콤플렉스에서 좌절로 이어지는 심리적인 강박관념과 갈등으로 풀어낼 수 있을 것 같다.

4. *하늘과 땅이 갈라지는 소리* (*처절하고 애절하게)

—사도세자가 영조에게

(a)

오호(嗚呼)라, 아바마마 아시나이까?
'권력은 부자(父子) 사이에도 나눌 수 없다'를
먼 산의 구름으로 여겼던 생각이 비구름으로
다가온 피울음의 강물일지라도
마지막에 마지막에는
믿음으로 지키는 빈터가 있을 것인데
왕조의 길을 위해서 아니면
소론과 노론의 틈새에서 부자간의 비극은
깃발을 날리기 시작했으니
장성한 스무살에도 부왕(父王)의 목소리가 들리면
두려움이 키를 높이는 전율
차라리 정신병자의 자유나 누릴 것을

구중궁궐의 거친 호흡대신
이도저도 못하여 꼬리에
꼬리를 이은 자유여행에는
사람의 체온이, 백성의 체온이
외려 따스함이었습니다. 이 자유를 찾는 변명이
죄목에 걸린 분노의 기름이었으니
후회한들 길이 없는 권력의 서슬
부왕의 칼날이 두려웠습니다

(b)
이제 그대의 아들 세자는 세상을 거두고 떠납니다
저승길을 끝없이 걸어가노라면 다시
아버지를 생각하는 나무 아래서
꿈꾸는 사랑을 열어 볼 것입니다. 가슴 바닥
그 밑바닥에 흐르는 사랑이야
의심할 나위가 있겠습니까. 그러나

인연이 얽히고 악연이 돌아눕는 세상사엔
후회의 목록을 펼친들 그것이 무슨
의미를 갖겠습니까. 아버지
먼저 떠난 아들의 길과 뒤에 오시는
아버지의 길이 한데 합하는 지점에서
다시 큰 절을 올릴 것입니다. 그 때는
왕이나 세자가 아닌 평범 중에도 가장
평범한 이름으로 말입니다.

* 내레이션 5.

사도세자와 동갑인 혜경궁 홍씨는 간택 이후 2남 2녀의 어머니로 잠시 행복을 누렸지만 27세에 지아비를 비극으로 보낸 이후 충년(沖年)에 9세의 장자를 잃고 오로지 2남인 세자(정조)와 친정을 지키기 위해 3남매를 거느리고 혼신의 노력을 다한다. 한때는 자살을 결심했던 비운의 혜경궁이었다.

5. *꽃등불 밝히어 들고(뒤주연가)* (*슬프고 애닯게)

—아내 혜경궁 홍씨에게 (아내 혜경궁에게.1)

(a)

우리가 서로 만났을 때는
향기가 나래를 펄럭여
노래하는 시절이었는데
법도(法度)의 그물에 걸리어
퍼덕이는 모양으로 내 사랑은 언제나
담을 넘는 부끄러움이었네

(b)

한 걸음에는 사랑이 피었고
다시 한 걸음에는 속 깊은
맑은 물이 고이듯
사랑보다 더 고귀한 꽃이었는데

밀려오는 권력들의 파도에는
사랑조차 '우당탕탕' 속수무책으로 무너지는
소리가 서러웠네, 의지를 저당 잡히고 사는
구중궁궐에서 오래오래 그렇게 살아야 했다.

(c)
어둠에 사벽(四壁)을 장막으로 가릴 때
눈앞에 어른거리는 그대 그리고
대를 이을 이름들이 번갈아 속절없을 때
메아리조차 목 졸라 숨넘어갔네

* 내레이션 6.

지아비를 비명에 보내고 궁궐 깊이 숨죽이는 시절을 감내하는 일은 참혹한 나날이었다. 더구나 혜경궁의 친정에 대한 초조감과 아들에 대한 염려는 숨 막히는 비극의 터널을 지나는 일이었고 기약 없는 절망과 맞서는 외로움이었다.

6. *슬픔의 발자욱은 항상 선명하다* (슬프고 애달프게)
–떠나지 않는 그대, 나의 임이여 (*아내 혜경궁에게.2)

(a)

그리움을 남기고 발을 옮기는
첫발자국부터 엉킨 실타래가 무거운
침묵으로 몸을 휘감는 순간에도
어둠을 비추는 그대의 환영(幻影)
어둠에 빠져서도 여드레의 고개를 넘었는데
웅성거리는 소리 들으려
귀를 세웠는데 그대 눈물 소리만
귓전을 울리는 메아리였네

(b)

작별보다 깊은 심연에서 오로지
그대 음성이 그리웠는데……
그대의 무릎에서 제갈량의
<출사표>를 읽어 달라했던 웅석
추억의 그물에 걸리어 아픔이 되는데
두꺼운 뒤주의 숨소리가 서럽이되네

(c)

어둠의 나락(奈落)으로 다가갈 때
세상이 검은 장막 속에 잠길 때도
내 그리움은 푸른 화원의
사랑이었으니 그대
나의 사랑이여!
눈물의 배웅을 받으며 떠나가는 나의
영혼에도 다시 만날

저승의 깃발이 펄럭이오니
내 뒤를 따라올 어느 날
길을 잃지 말고 찾아오시라
꽃등불 밝히어 들고
저승 너른 들판
햇살 밝은 언덕에 집을 짓고
아득함을 모아 기다리오리다
그대와 나의 사랑을 심어
증오도 없고, 권력도 없고 거미줄 법도 없는
한그루 나무아래서 꿈을 꾸오리다. 그런
사랑을 기다리오리다

* 내레이션 7.

지나치게 엄격한 영조에 짓눌려 사도세자는 부왕에 두려움을 갖기 시작했고 끝없이 시험하는 일들이 반복됨으로써 정서적으로 위축과 정신적인 방황은 갈등의 수위를 높이는 계기가 되었다. 영조는 사도세자의 나이 4, 5, 9, 10, 14 등 5번에 걸쳐 세자에게 왕위를 양위(讓位)하겠다는 지나친 억지 시험을 강요할 뿐만 아니라 새벽까지 세자를 다그치는 등 아들의 반성을 강요했다. 결국 세자가 4달 동안이나 영조를 알현(謁見)하지 않는 등 갈등의 수위가 높아지고 영조 31년(1761)에 무단으로 20일 동안이나 관서 여행을 다녀온 지 4달이 지나 영조가 알게 되었고 이는 임오화변(뒤주사건) 8개월 전의 일로 돌이킬 수 없는 갈림이 되었다.

7. *떠나는 자의 노래는 슬프다* (*애절하고 한탄조로)
 –사도세자의 탄식

(a)

아아, 나 홀로 떠나야 겠네, 모든 걸 버리고

떠나야 겠네 "아바님 잘못하였사오니 이제는
하라하옵시는대로 글도 읽고 말씀도 다 들을 것이니
이리마오소서"의 구곡간장(九曲肝腸) 애원성(哀願聲)조차
날아간 빈 하늘
부왕의 미움과 선희궁 생모 어머니의 외면과
아들을 지키기 위해 남편을 버린 홍씨 아내조차
권력을 놓지 못하는 줄기줄기를 버리고 떠나야겠네
서러이 울리라, 죄 없는 백성들의
눈자위에 어린 아픔을 외면하고
얽히고설킨 권력의 줄기에서는
증오와 시기와 안도와 불안과
승리와 패배가 교차하는 갈래마다
길이 다르게 열리고 있었으니 한쪽의
슬픔은 저쪽의 웃음이라면 저쪽의 웃음은
결국 누구의 것인지 모르는 해답을 들고
어디로 갈까 망설임일 뿐이네

(b)

하늘 높이에서 내려다보니 알겠노라
누구와 누구와 누구는 어떻더라의
긴 사연의 꼬리가 너무나 길었던 것을
끝내 감출 수가 없네, 가릴 수가 없네
그러나 내 비극의 씨앗은 다시 피어나리라
내 죽음을 이브자리로 삼아
잊어야 하는 것과 잊을 수밖에 없었던 것들을
긴 역사의 강물에서는 푸르게
노를 저을 것이리라

(c)

하지만 사랑했었기에 죄목이 생기고
사랑을 알았기에 삼복더위에 죽음조차
서늘한 비극이었던 이유들의 하소연
그렇고 그렇고의 긴 사설을 모두 돌려주고

훌훌 언덕을 넘어 가야겠네 다시
돌아올 수 없는 먼 길을
휘적휘적 가야겠네. 사랑했노라
나의 사랑아, 그리움아 잘 있거라

* 내레이션 8.

혜경궁 홍씨는 영조 11년(1735년) 탄생. 부친은 노론의 홍봉한으로 6남매의 차녀로 10세에 세자빈 간택 입궐. 이어 2남 2녀를 낳았고 장자(세자)가 일찍 죽음. 세자(정조)를 보호하기 위해 결국 남편의 비극을 애써 외면한다. 정조는 왕이 된 후 아버지 사도세자의 억울한 신원(伸寃)을 위해 노론의 외가(外家)를 징벌한다. 이로 인해 어머니 혜경궁 홍씨는 다시 슬픔으로 친정을 위해 침식을 잃고 노심초사(勞心焦思)할 수밖에 없는 처지가 된다. 그러나 효자 정조는 만년에 이를 뉘우치고 갑자년이 되면

세자(순조)를 관례시키고 외가(홍씨 가문)를 신원(伸冤)시키고 퇴위한 후 어머니와 수원 화산능 곁에서 청천백일의 몸이 되게 해드리겠다는 약속을 했으나 갑자년을 3년 앞두고 어머니를 홀로 남겨두고 51세에 승하한다. 이후 영조의 계비 정순왕후가 순조를 섭정, 다시 홍씨 가문에 대한 박해와 불운의 연속으로 빠진다. 이런 과정의 억울함을 기록한 것이 『한중록』이다.

8. *애증의 가락에 실린 바람소리*(*절절한 호소의 목소리)
−혜경궁 홍씨의 그리움

(a)

은하수 건너 그리움이 갑니다. 이승에 검은 물이
미리내 건너 푸른 물살에 젖은 마음이 갑니다
이루지 못해서 시퍼런 사랑의 회상
10살 청춘에 맞은 창경궁 꽃들이 웃었던 날을 지나

15살에 합방의 호기심이 덩더꿍 사랑이 되어
벌나비의 군무(群舞)를 받았던 추억의 길들이 막히고
갈 곳이 정해진 인연 따라 마지막 마음을 바칠
영혼이 갑니다. 지아비의 그림자를 따라 흘러 흘러
영혼이 갑니다

(b)

한때는 저잣거리 바람에 밀리는 사랑이었습니다
빛나는 옷을 입고도 웃음을 잃은 가화(假花)의 손을 잡고
띠뚝거리는 무대에서 서로를 바라보는
푸르고 깊은 밤을 갖지 못한 영혼의 깃발입니다
운명 때문에 찢겨진 이별이었습니다. 우리는
아득함에도 실핏줄이 흐르는 아름다움인데
"쉽고 쉽도다"의 메아리가 허공을 분칠하는
지척(咫尺)도 알아 볼 수 없는 애탐일 뿐입니다

(c)

흐느낌만 깊어지고 갈수록 어두워지는 강물살에 실어 보낼

깨끗하고 정갈한 마음을 어떻게 보낼 수 있을지 가슴 아픔입니다

떠나보내는 날도 하늘을 가리고 울음을 울 수 없는

심봉사의 한탄은 더욱 기승을 부렸습니다. 그대 나의 지아비여

세자는 무엇이고 세자빈은 무엇이랴 다만

사랑만이 따스한 뜻일 뿐인데

사랑의 줄기에 가시 돋친 세월의 숙명

잊을 길 없이 높아지는 그리움을 키우면서

살아가는 사연마다 돋아나는 자욱한 이름,

그대를 향한 사랑만입니다

(d)

돌아올 수만 있다면 참으로 다시 돌아올 수만 있다면
마지막에 마지막을 새겨둔 그대 가슴 속
애처로운 소망 하나에 등불을 켜고
마지막에 마지막에까지 새겨둔
애처로운 소원을 들어주사이다

(e)

따르지 못하는 발자국마다 피눈물이 고이고
구중궁궐의 법도에 따라 발없는 슬픔조차 절룩이는
한(恨)일 뿐입니다. 붙잡을 수 없어 바라만 보는
그냥 눈물입니다

(f)

나의 지아비, 그리운 임이여!
떠남이 자유롭듯 언젠가 만날

저승의 아득함에서 만남 또한 자유를 얻을 터이니
물을 주노라면 훗날의 자랑이 될 아들과 셋이서
웃음의 성을 쌓고 살아갈 만남을
고대합니다. 그대 나의 사랑이시여

* 내레이션 9.

사방이 막힌 뒤주 속에서 사도는 울었으리라. 그 울음 점점 처절이었다가는, 이내 쉰 목소리로 잦아들 때, 이를 지켜본 궁녀들은 가슴을 닫고 울었으리라, 말이 정지된 눈물이 여울졌으리라. 그렇게 비극은 문을 열고 있었으리라.

9. *그대, 어디로 가시나이까*(*아프게)
 —궁녀의 노래

꽃잎이 날리는 바람결에

그대 어디로 가시나이까
이승에서 존귀했고, 높이에서 우러름을 받던
길고 긴 시간의 등줄기를 타고
오로지 슬픔의 가락만을 놓고
어둠길 허위허위 어디로 가시나이까

세상에서 들리는 소리 많건만
어둠을 뚫고 나오는 뒤풋 속
처절로 엉킨 피울음에는
들을 수 없어 귀가 막힌
멈춤의 한탄입니다, 누구도
끼어들 수 없는 비극의 강물이 여울집니다

존귀로 우러름을 받던
왕자님이시여!
사랑으로 이름을 대신하던

왕자님이시여!
운명에 굴곡이 있다한들
자식에 잘못이 깊었던들
아버지가 아들을 저승으로 보내는
칼바람 매서운 비정이
가슴을 찌릅니다

편히 가오소서, 왕자님이시여
저승 높이에 당도하면
이승의 사연을 모두 잊고
꽃잎 날리는 향기들의 박수를 받으며
문밖에 당도할 왕자님을 위해
지금은 오로지
기도를 올릴 뿐입니다
기도를 드릴 뿐입니다.

* 내레이션 10.

정조의 이름은 산(祘). 사도세자와 혜경궁 홍씨– 부모의 비극과 불행에 분노를 앞세우기보다는 포용하고 화합하려는 지극한 효심에서 남다르다. 아마도 엄격한 교육의 덕으로 보인다. 아버지 능(陵)을 수원 화성에 모시고 능행을 자주했다. 심지어 성실한 능참봉이 한성판윤이 되는 파격도 오로지 효심의 근거일 것 같다

10. *그리움에 갈래치는 물결따라* (*아픔 묻은 목청으로)
–정조의 탄식

(a)

지존(至尊)이 된 첫 날
눈을 뜨자 세상이 달라졌다. 윤음(輪音)의 첫 마디는
"아, 과인은 사도세자의 아들이다"(嗚呼,寡人 思悼世子之子也)

맺힌 한(恨)의 뿌리가 응혈(凝血)로 쌓인 태산이
그때사 비로소 빛을 발하는 목청에는
서러움조차 길을 잃었다. 그렇게 살아왔던
침묵이 살아나는 순간이었다

(b)

풀잎조차 웃음을 되찾은 영우원(永祐園) 사도세자의 묘소
서럼이 엄숙으로 돌변한 경모궁(敬慕宮) 사당
아들이라서 누구나 아버지를 숭모하던가만은
사도세자에서 왕이 된 고귀함이
차라리 비극의 종점이었어도
오랫동안 갇혔던 물살이 흘러나오는 소리
아들의 마음엔 푸른 바다를 바라보는
너울이 출렁이고 있었지만 외려
서러움의 무늬가 여울지고 있었다

(c)

아바마마, 뼈속에 계신 아버지
그 푸른 바다에 빠져서
슬픔을 건져내는 손끝마다
흠모(欽慕)와 바꿀 수 없는 얼굴이
이제도 그리움만 성(城)을 쌓습니다

(d)

모든 것을 버리고 자유가 된 뒷모습
영혼의 펄럭임이 보입니다
어둠을 떠나 멀리 저승길의 고독조차
왕조의 뼈를 버린 훌훌에
허무로 의상을 걸친 가벼운 그림자
외로움이 오히려 다행인 서러움을 봅니다

(e)

오호, 과인은 사도세자의 아들이다
이제사 호흡을 가다듬어 하늘을 향해
"오호, 과인은 사도세자의 아들이다"
구천의 아버지 들으시나이까?

* 내레이션 11.

정조의 정치는 보복이 아니라 화합 그리고 조화에 있는 것 같다. 이덕무, 유득공, 박제가 등 서얼(庶孼) 등용은 물론이고 지방 권력의 확대와 천주교에 관대정책과 선대에 배제(排除)된 남인의 등용 등 고른 햇살을 비추기 위해 노력한 인간다운 심성을 엿볼 수 있다면 아버지에 대한 효심도 그런 바탕의 발로(發露)일 것이다.

11. *눈부신 이름을 부르는 한탄*(*깊고 무겁게)

–아들 정조에게

(a)

네가 이 나라 지존(至尊)이 된 날
기쁨과 행복 보다는 오히려 슬펐다.
전설이 펼쳐지는 이야기에는 날개가
퍼덕이고 아픔은 다시 밀물이 되었으니
어둠에서 양지로 나오는 눈부신 이름을
뭐라 부를지 몰라서이다. 왜냐하면 예도 없었고
앞으로도 없을 전대미문의 일이었고 할 일이 없어진
공허의 벼랑이 너무 가팔랐기 때문이다.

(b)

효심이 백성을 위한 일이 되었고
부정(父情)이 민국의 기초가 되었고

애절함이 전설로 살아나는 아들아!
임금은 백성을 위한 임금이어야 하고
사랑은 언제나 큰 그릇이었으니
행행의 수원 길에는 햇살도 밝았거니
살아 피울음이 죽어서 우러름이 되었구나

(c)

아들아. 죄목이 걸린 아비를 위해
죽임을 당한 세자를 위해
아들로부터 장헌왕(莊獻王)으로 추존(追尊)된
그림자가 부끄럽다. 이름이 서럽다
냉혹한 현실은 의리와 정과 사랑조차
칼날에 스러지는 운명의 주인공이었기 때문이다.

(d)

살아생전의 짧은 슬픔이

살아있어 비극의 줄기가 이젠
영생의 하늘 길조차 밝아 전설이 되었으니
눈물 뿌린 씨앗은 꽃이 되어 향기롭다
너와 나를 위호(衛護)하는
꽃바람의 향기
꽃바람의 향기가 세상을 떠돈다

(e)

사람의 사는 일은 언젠가를 기약하는
기다림이기에 먼 길을 돌아온
수원 백리 길에 지존의 위엄이
더욱 선망인 것을
사람이 꽃보다도
부자지정이 맑은 물보다도 오히려
선명하기 푸른 하늘같아
영원을 일깨우는 향기가 되었으니

살아 짧은 비극이 죽어 영면(永眠)하는 또 다른
길이 있음을 깨우친 내 아들 만민의 지존(至尊)이시여
미안하고 부끄러운 이 땅의 아비일 뿐
사도는 비극을 심어 행운을 얻는 그리움을
먼 훗날에 풀어보려는 마음
풀어내려는 사랑일 뿐이니
오호, 지난날의 슬픔이여, 잘 가거라.
돌아 돌아온 비극의 메아리마다 이젠
화려해서 부끄러운 이름이 되었으니
이도 그리움 중에 그리움의 향기로구나

2013.10.17.

푸른 동행

초판 1쇄 인쇄일	2014년 1월 23일
초판 1쇄 발행일	2014년 1월 24일
지은이	채수영
펴낸이	정진이
책임편집	윤지영
편집/디자인	심소영 신수빈 이가람
마케팅	정찬용 권준기
영업관리	김소연 차용원 현승민
컨텐츠 사업팀	진병도 박성훈
인쇄처	월드문화사
펴낸곳	새미
	등록일 2005 03 14 제25100-2009-8호
	서울시 강동구 성내동 447-11 현영빌딩 2층
	Tel 442-4623 Fax 442-4625
	www.kookhak.co.kr
	kookhak2001@hanmail.net
ISBN	978-89-5628-634-1 *03800
가격	13,000원